Workbook and Lab Manual

SIXTH EDITION

Ciao!

Quaderno degli esercizi

Chiara Maria Dal Martello
Arizona State University

Carla Larese Riga
Santa Clara University

HEINLE
CENGAGE Learning™

Australia • Brazil • Japan • Korea • Mexico • Singapore • Spain • United Kingdom • United States

HEINLE
CENGAGE Learning

Ciao! Workbook and Lab Manual, Sixth Edition

Chiara Dal Martello, Carla Riga

Executive Editor: Carrie Brandon

Development Editor: Barbara Lyons

Senior Content Project Manager: Esther Marshall

Assistant Editor: Arlinda Shtuni

Marketing Manager: Lindsey Richardson

Marketing Assistant: Marla Nasser

Advertising Project Manager: Stacey Purviance

Managing Technology Project Manager: Sacha Laustsen

Manufacturing Manager: Marcia Locke

Composition and Art Coordination: Greg Johnson, Art Directions

Photo Manager: Sheri Blaney

Senior Art Director and Cover Designer: Bruce Bond

Cover image: Venetian beads: © John Coletti Studios; 15 top © Edward Slater/ Index Open; 15 center © Keith Levit Photography/Index Open; 15 bottom © Bill Bachman/Index Stock Imagery: 30 top © Terri Froelich/Index Stock Imagery: 30 bottom © Cubo Images/ Index Stock Imagery; 31 © Cubo Images/ Index Stock Imagery; 204 top © Gary Conner/Index Stock Imagery; 204 bottom © The Thomson Corporation/ Heinle Image Resource Bank; 234 top © Robert Zehring/Index Stock Imagery; 234 bottom © Cubo Images/Index Stock Imagery; 235 © Cubo Images/Alamy srl; 252 © Dave Wicks/morguefile.com

ISBN-13: 978-1-4130-1639-0

ISBN-10: 1-4130-1639-1

Heinle
25 Thomson Place
Boston, MA 02210
USA

Printed in the United States of America
5 6 7 8 09 08

Table of Contents

Preface

The *Quaderno degli esercizi* that accompanies *Ciao!*, Sixth Edition, provides students with supporting activities and the opportunity to practice Italian outside the classroom. It complements, on a chapter-by-chapter basis, the contents of *Ciao!*, and provides a systematic review of the grammatical structures and vocabulary presented in the textbook.

As you complete each section of the textbook chapters, you may turn to the *Quaderno degli esercizi* for additional practice, as well as a chance to hear examples of spoken Italian you can interact with via the Lab Audio CDs. Each chapter of the *Quaderno* opens with new listening and writing activities as a review of the vocabulary and expressions that are the basis of the thematic contents of the chapter.

Each of the grammar points of the **Punti grammaticali** has two parts: a **Pratica** writing section, and a **Comprensione** listening section, which you can. complete at home or in the language laboratory.

The **Pratica** section, with written exercises, ranging from the simple to the more complex, complements the material included in the textbook; the exercises are varied, suitable for different teaching styles. Many of them are meaningfully contextualized. They stress the writing skill, and encourage ongoing self-instruction outside the classroom.

The **Comprensione** sections serve as a guide to the laboratory program. These sections also correspond to the textbook. All grammar exercises are four-phased; after the task has been set and you have given an answer, the correct response is provided, followed by a pause for repetition. Note that, even though the listening activities follow the written activities within each grammar point, this is designed to allow you to work within the context of the practice you have already done. You may find it easier to go back to the **Comprensione** sections once you have completed all of the **Pratica** sections.

The sixth edition of the *Quaderno degli esercizi* has been enriched with many new listening activities and listening comprehension exercises. A new section, **Attualità,** has been added to this edition to further enrich the program. It includes a **Dettato,** followed by comprehension questions; the section **Adesso scriviamo** has been completely revised to match the textbook; the **Vedute d'Italia** (new in this edition of the *Quaderno*) are cultural/reading sections that present a fresh perspective on Italy. They are based on authentic texts and encourage students to explore in depth aspects of Italian life and culture. These reading sections include a pre-reading strategy, and are followed by questions and opportunities for discussions with a cross-cultural focus.

Nome ______________________ Data ____________ Classe ____________

CAPITOLO 1

La città

Punti di vista In centro

CD 1, TRACK 2

Ad un caffè dell'università di Milano. You will hear some conversations that take place at a café near the university of Milan. Match each conversation with the appropriate description. In some instances, more than one answer may be possible.

1. ________
2. ________
3. ________
4. ________
5. ________
6. ________

a. friends meeting each other at the café
b. acquaintances running into each other
c. students meeting each other for the first time
d. older strangers meeting for the first time
e. friends having a drink together in the café
f. strangers having a drink at the café
g. friends saying good-bye
h. acquaintances saying good-bye

Studio di parole *La città*

A. Dov'è a Milano? Match the things and people listed in column A with their correct location. Select your responses from column B.

A

1. ________ una giraffa
2. ________ una bicicletta
3. ________ un cappuccino
4. ________ un turista
5. ________ un dottore
6. ________ un'opera
7. ________ un monumento
8. ________ una studentessa
9. ________ un treno
10. ________ un menù

B

a. un ristorante
b. una strada
c. una scuola
d. una piazza
e. una stazione
f. uno zoo
g. un bar
h. un ufficio informazioni
i. un teatro
j. un ospedale

B. Che cosa c'è a Verona? Identify the following objects.

Esempio

treno

1. ______________________

2. ______________________

3. ______________________

4. ______________________

5. ______________________

6. ______________________

7. ______________________

8. ______________________

9. ______________________

10. ______________________

Punti grammaticali

1.1 Essere *(To be)*; c'è, ci sono e Ecco!

Pratica

A. Gli studenti all'università. Change the verb form according to each subject in parentheses.

Noi siamo in classe. (tu, anche loro, tu e Paolo, Lisa, io)

____

____

____

____

____

B. Chi sono e dove sono? Complete with the correct form of **essere.**

1. Lisa ______________ a Firenze.
2. Noi ______________ in Italia.
3. Voi ______________ studenti.
4. Pio e Gino ______________ in classe.
5. Io ______________ professore.
6. Tu ______________ studentessa.

C. Molte domande. Change each statement into a question.

1. Firenze è una città.

____

2. Pio e Luigi sono in classe.

____

3. Tu e Lia siete a scuola.

____

4. Firenze è in Italia.

____

5. Tu sei professore.

____

D. No, non è vero! Answer each question in the negative.

Esempio È con una ragazza Marcello?
No, Marcello non è con una ragazza.

1. È dottore Luca?

____

2. Siete a Firenze voi?

____

3. Sei in classe tu oggi?

____

4. Siamo amici di Lia noi?

____

5. Siete di Milano tu e Lisa?

____

6. Sono in Italia loro?

____

Nome ______________________ Data ______________ Classe ______________

E. In centro. Rewrite each sentence using **Ecco.**

Esempio C'è un signore.
Ecco un signore!

1. C'è un'autostrada. ______________________
2. C'è un museo. ______________________
3. C'è un autobus. ______________________
4. C'è un tram. ______________________
5. C'è una piazza. ______________________
6. C'è uno studio. ______________________
7. C'è una stazione. ______________________

F. Cosa c'è a Firenze? Complete each sentence with **c'è** or **ci sono** in the negative.

1. ______________ la metropolitana a Firenze.
2. ______________ automobili in centro.
3. ______________ fiori in giardino.
4. ______________ lezione oggi.
5. ______________ treni in città.
6. ______________ studenti in classe.
7. ______________ una fontana in piazza.

Comprensione

CD 1, TRACK 3

A. Essere formali o no all'università. Listen to each statement and indicate whether the form of address used is informal or formal. You will hear each statement twice.

Esempio You hear: Buon giorno professor Baldini, come sta oggi?
You underline: informal, <u>formal</u>

1. formal / informal
2. formal / informal
3. formal / informal
4. formal / informal
5. formal / informal
6. formal / informal

CD 1, TRACK 4

B. Dove sono gli studenti? Listen to the model sentence. Then form a new sentence by substituting the noun or pronoun given as a cue. Repeat the response after the speaker.

Esempio Maria è in classe. (io)
Io sono in classe.

1. ______________________ 4. ______________________
2. ______________________ 5. ______________________
3. ______________________ 6. ______________________

CD 1, TRACK 5

C. Formare domande. Change each statement you hear into a question, as in the example. Then repeat the response after the speaker.

Esempio Marco è professore.
È professore Marco?

1. ______________________ 4. ______________________
2. ______________________ 5. ______________________
3. ______________________

CD 1, TRACK 6

D. Rispondere con una frase negativa. Answer each question in the negative. Then repeat the response after the speaker.

Esempio Sono in classe Marisa e Gina?
No, Marisa e Gina non sono in classe.

1. ____
2. ____
3. ____
4. ____
5. ____

CD 1, TRACK 7

E. Nella città di Belluno. You are moving to the small Italian town of Belluno and want to confirm that it has the following essential places and services. Ask questions with **C'è** or **Ci sono,** according to the cue. Then repeat the response after the speaker.

Esempi un cinema *C'è un cinema?*
autobus *Ci sono autobus?*

1. ______________________
2. ______________________
3. ______________________
4. ______________________
5. ______________________
6. ______________________

CD 1, TRACK 8

F. Una visita a Perugia. Dino Campana is showing his hometown Perugia to a foreign friend. Use the cues to re-create each of his statements. Then repeat the response after the speaker.

Esempio una piazza
Ecco una piazza!

1. ______________________
2. ______________________
3. ______________________
4. ______________________
5. ______________________

1.2 Il nome

Pratica

A. Nella città di Firenze. Indicate the gender of each noun by writing **M** (masculine) or **F** (feminine) in the blank.

1. studentessa ________
2. pittore ________
3. ristorante ________
4. stazione ________
5. automobile ________
6. banca ________
7. mercato ________
8. edificio ________
9. farmacia ________
10. albergo ________
11. caffè ________
12. autobus ________

B. Più di uno. Change each noun from singular to plural.

1. scuola ______________
2. professore ______________
3. lezione ______________
4. libro ______________
5. signora ______________
6. amica ______________
7. banca ______________
8. ufficio ______________
9. bar ______________
10. caffè ______________
11. città ______________
12. autobus ______________

Comprensione

CD 1, TRACK 9

A. In classe. Listen to each statement and indicate whether the classroom object mentioned is masculine **(maschile)** or feminine **(femminile).** You will hear each statement twice.

Esempio You hear: Ecco una carta geografica.
You underline: maschile, <u>femminile</u>

1. maschile, femminile
2. maschile, femminile
3. maschile, femminile
4. maschile, femminile
5. maschile, femminile
6. maschile, femminile
7. maschile, femminile
8. maschile, femminile
9. maschile, femminile
10. maschile, femminile

CD 1, TRACK 10

B. Non uno, ma due! Answer each question in the negative, as in the example. Then repeat the response after the speaker.

Esempio È un bambino?
No, sono due bambini.

1. ______________
2. ______________
3. ______________
4. ______________
5. ______________
6. ______________
7. ______________
8. ______________

Nome ________________________ Data ____________ Classe ____________

1.3 Gli articoli

Pratica

A. L'articolo indeterminativo. Supply the indefinite article of each noun.

1. ________ città
2. ________ amico
3. ________ studente
4. ________ libro
5. ________ professore
6. ________ amica
7. ________ università
8. ________ zoo
9. ________ studio

B. L'articolo determinativo. Supply the appropriate forms of the definite article.

1. ________ ragazzo e ________ ragazza
2. ________ signore e ________ signora
3. ________ studio e ________ studente
4. ________ numero e ________ zero
5. ________ giardino e ________ albero
6. ________ città e ________ stato

C. Dove sono? Complete each sentence, using the definite article and the noun in the plural form.

Esempio (bambina) ________________ sono a casa.
Le bambine sono a casa.

1. (ragazzo) ________________________ sono a scuola.
2. (studente) ________________________ sono in classe.
3. (automobile) ________________________ sono in garage.
4. (professore) ________________________ sono in ufficio.
5. (banca) ________________________ sono in centro.
6. (negozio) ________________________ sono in via Mazzini.
7. (chiesa) ________________________ sono in periferia *(outskirts)*.
8. (amica) ________________________ sono in giardino.

D. Essere specifici. Complete each sentence with the correct form of the definite article.

1. Dove sono ________ fiori e ________ alberi?
2. Com'è ________ ristorante Biffi?
3. ________ stato di Washington è in America.
4. Dove sono ________ libri di Maria?
5. Ecco ________ giardino per ________ bambini.
6. Ecco ________ fontana di Trevi.
7. ________ monumento è in Piazza Garibaldi.

E. L'articolo con i titoli. Complete each sentence, using the title in parentheses and the definite article if appropriate.

1. (professore) Dov'è ______________________ Sapienza?
2. (professoressa) Come sta ______________________ Guzzi?
3. (signori) Sono a casa ______________________ Catalano?
4. (signora) C'è ______________________ Ponti?
5. (dottore) È in ufficio ______________________ Penicillina?

Comprensione

CD 1, TRACK 11

A. Al caffè Garibaldi. Listen to each statement and tell whether the drink that is ordered is masculine or feminine by underlining the correct form of the indefinite article – **un** or **uno,** or **una** or **un'**. Each statement will be repeated twice.

Esempio You hear: un caffè, per favore.
You underline: un, uno, una, un'

1. un, uno, una, un'
2. un, uno, una, un'
3. un, uno, una, un'
4. un, uno, una,un'
5. un, uno, una, un'
6. un, uno, una, un'

Nome ______________________ Data ______________ Classe ______________

CD 1, TRACK 12

B. Una visita alla città! Listen to each statement and indicate whether the place mentioned is masculine singular **(il, lo)**, or feminine singular **(la)**. Each statement will be repeated twice.

Esempio You hear: Ecco il museo dell'Accademia!
You underline: il, lo, la

1. il, lo, la
2. il, lo, la
3. il, lo, la
4. il, lo, la
5. il, lo, la
6. il, lo, la

CD 1, TRACK 13

C. Dove sono i turisti di Firenze? Marcello is indicating to a passerby where various people and things are. Following the example, use the cues to re-create each of his statements. Repeat the correct response after the speaker.

Esempio una ragazza
Ecco la ragazza!

1. ______________________
2. ______________________
3. ______________________
4. ______________________
5. ______________________
6. ______________________

CD 1, TRACK 14

D. Al plurale! Change each sentence from the singular to the plural. Then repeat the response after the speaker.

Esempio Dov'è la signorina?
Dove sono le signorine?

1. ______________________
2. ______________________
3. ______________________
4. ______________________
5. ______________________
6. ______________________
7. ______________________
8. ______________________

CD 1, TRACK 15

E. I saluti. Greet the following people as in the example. Then repeat the response after the speaker.

Esempio Ecco il signor Bettini!
Buongiorno, signor Bettini!

1. ______________________
2. ______________________
3. ______________________
4. ______________________
5. ______________________

1.4 Espressioni interrogative

Pratica

Una visita ad un amico. You visit a friend that you have not seen for some time. Write the question that would elicit the answer provided by using **chi, che (cosa, che cosa), dove, come,** or **quando.**

Esempio Francesco è a casa.
Dov'è Francesco?

1. Luigi sta bene. ______________________
2. Marcello è a Roma. ______________________
3. Siamo a scuola oggi. ______________________
4. Amleto è una tragedia di Shakespeare. ______________________
5. Gino è un amico di Marisa. ______________________
6. Roma è una città. ______________________
7. Venezia è in Italia. ______________________

Comprensione

CD 1, TRACK 16

A. In classe. Listen to each statement and indicate which question it answers: **Chi è?** or **Che cos'è?**

Esempio You hear: È una penna.
You underline: chi è? <u>che cos'è?</u>

1. chi è? che cos'è?
2. chi è? che cos'è?
3. chi è? che cos'è?
4. chi è? che cos'è?
5. chi è? che cos'è?
6. chi è? che cos'è?

CD 1, TRACK 17

B. Qual è la domanda? Ask a question that would elicit each answer that you hear. Then repeat the response after the speaker.

Esempio San Francisco è in California.
Dov'è San Francisco?

1. ______________________
2. ______________________
3. ______________________
4. ______________________
5. ______________________

Nome ________________________________ Data ______________ Classe ______________

Attualità

CD 1, TRACK 18

A. Dettato: La città di Venezia. Listen to this short description of the city of Venice. It will be read the first time at normal speed, a second time more slowly so that you can supply the missing nouns with the appropriate definite articles, and a third time so that you can check your work. Feel free to repeat the process several times if necessary.

Venezia è una ____________________ molto bella e romantica, con molti

____________________: ____________________,

____________________, ____________________,

____________________, ____________________,

____________________, ____________________ e una

____________________ famosa: San Marco.

CD 1, TRACK 19

B. All'università di Venezia. Listen as Antonio and Marco, students at the University of Venice, get acquainted while waiting for class. Then complete the following sentences with the appropriate information, and supply an opinion of your own.

1. Marco abita a ____________________.
2. Venezia è una città molto ____________________.
3. Non c'è un parco ma ci sono molte belle ____________________.
4. Il teatro famoso di Venezia è ____________________.
5. Non ci sono molte ____________________.
6. Ci sono molti ponti e una ____________________.

Domanda personale

Desideri visitare Venezia? Perché?

____

____

Adesso scriviamo *Dove abiti?*

Describe in an e-mail to a new Italian acquaintance the city where you live. Follow the steps outlined below to organize and present your information in a single, readable paragraph.

A. Begin by considering the following questions:

1. Di dove sei? ______________________
2. C'è un'università? ______________________
3. C'è un ospedale? ______________________
4. C'è uno zoo? ______________________
5. Ci sono piazze? ______________________
6. C'è una stazione? ______________________
7. C'è un aeroporto? ______________________
8. Ci sono fontane? ______________________
9. Ci sono monumenti? ______________________
10. C'è un teatro? ______________________
11. ? ______________________

B. Next, organize your answers in a paragraph. Begin by saying where you are from: **Sono di...** Then indicate what places and attractions are and are not to be found in your town or city.

C. Double check your completed paragraph. Make sure you have spelled all words correctly and that you have used the right forms of nouns and articles.

Vedute d'Italia *Tre città italiane*

A. Prima di leggere. Read the brief descriptions of three Italian cities taken from a guidebook. Watch for cognates in order to get the gist of each description, even if you cannot understand every word.

Ecco il Davide di Michelangelo a Firenze. Firenze è la città dell'arte **rinascimentale** *(renaissance)*, ci sono **anche** *(also)* molte università americane.

Roma è la capitale d'Italia. Ecco il Colosseo, un monumento molto famoso, **costruito** *(built)* dai Romani. I turisti visitano il Colosseo **durante tutto l'anno** *(all year round).*

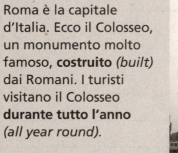

Venezia è la città romantica per eccellenza. Ci sono molti **ponti** *(bridges)* a Venezia. Ecco il famoso ponte Rialto dove ci sono molti negozi.

B. Alla lettura

1. Make a list of all of the cognates you can identify in the three descriptions.

______

______

______

2. Complete the following sentences with appropriate information.

a. Uno dei monumenti famosi di Roma è ______.

b. I turisti visitano Roma ______.

c. A Firenze ci sono anche ______.

d. Michelangelo è l'artista famoso della statua del ______.

e. Venezia è la città ______.

f. A Venezia ci sono ______.

g. Un ponte molto famoso è ______.

C. Culture a confronto

Quale città desideri visitare? Perché? ______

______

______

Nome ____________________ Data ____________ Classe ____________

CAPITOLO 2

Persone e personalità

Punti di vista Com'è il tuo compagno di stanza?

CD 1, TRACK 20

Quali sono? Listen as various people describe themselves and match each self-description with the appropriate drawing. Each description will be repeated twice.

a.

b.

c.

d.

e.

1. ________ **2.** ________ **3.** ________ **4.** ________ **5.** ________

Studio di parole *Persone e personalità*

A. Com'è? Describe the nouns using the adjectives listed below.

alto americano basso bello biondo buono divertente giovane grande
intelligente nuovo piccolo vecchio cattivo simpatico felice italiano

1. il libro di italiano ______________________________

2. la mamma ______________________________

3. Roma ______________________________

4. l'università ______________________________

5. il professore (la professoressa) ______________________________

6. un film di Jim Carey ______________________________

7. la persona ideale ______________________________

8. la Ferrari ______________________________

9. il caffè ______________________________

B. Opposti. Answer the following questions using the opposite adjective.

Esempio È grassa Miss America?
No, è magra.

1. È povero Bill Gates? ______________________
2. È noiosa la lezione di italiano? ______________________
3. È grande l'università? ______________________
4. È basso l'Empire State Building? ______________________
5. È giovane il Papa *(Pope)*? ______________________
6. È debole Popeye? ______________________
7. È basso Shaquille O'Neil? ______________________
8. È triste la professoressa? ______________________
9. È antipatico Jim Carey? ______________________

Punti grammaticali

2.1 L'aggettivo

Pratica

A. L'aggettivo al maschile e al femminile. Rewrite each sentence using the subject in parentheses and changing the adjective accordingly.

Esempio Il ragazzo è simpatico. (la ragazza)
La ragazza è simpatica.

1. Lo studente è bravo. (la studentessa)

____

2. Il bambino è intelligente. (la bambina)

____

3. La zia è ricca. (lo zio)

____

4. Il signore è francese. (la signora)

____

5. La professoressa è tedesca. (il professore)

____

B. Come sono? Complete each sentence with the correct form of the adjective in parentheses.

Esempio (magro)
Luigi è magro.

1. (alto) Teresa e Maria sono
____
2. (verde) La casa di Tonino è
____
3. (bravo) I dottori sono
____
4. (difficile) Le lezioni d'italiano sono
____
5. (intelligente) Gli studenti sono
____
6. (nero) Gli occhi di Maria sono
____

C. L'aggettivo al plurale o al singolare. Change each sentence from the singular to the plural or vice versa, making the necessary changes.

Esempio Il giardino è piccolo. (i giardini)
I giardini sono piccoli.

1. Le lezioni sono facili. (la lezione)
____
2. I dottori sono bravi. (il dottore)
____
3. La fontana è bella. (le fontane)
____
4. Le piazze sono grandi. (la piazza)
____
5. La signorina è americana. (le signorine)
____
6. La ragazza è tedesca. (le ragazze)
____

Comprensione

CD 1, TRACK 21

A. Riconosciamo le finali *(endings).* Listen to each statement and indicate which adjective ending you hear: masculine singular **(-o)** or plural **(-i),** or feminine singular **(-a)** or plural **(-e).** Underline the correct form. Each statement will be repeated twice.

Esempio You hear: La bicicletta è rossa.
You underline: o, i, a, e

1. o, i, a, e
2. o, i, a, e
3. o, i, a, e
4. o, i, a, e
5. o, i, a, e
6. o, i, a, e

CD 1, TRACK 22

B. L'aggettivo al plurale. Listen to the model sentence. Then form a new sentence by substituting the noun given as a cue and making all necessary changes. Repeat the response after the speaker.

Esempio Gisella è italiana. (Franco e Gino)
Franco e Gino sono italiani.

1. ____________________
2. ____________________
3. ____________________
4. ____________________
5. ____________________
6. ____________________

2.2 Buono e bello

Pratica

A. A Milano tutto è buono! Answer each question substituting **buono** for **cattivo.**

Esempio È un cattivo caffè?
No, è un buon caffè.

1. Pia e Lia sono due cattive ragazze?

____

2. È un cattivo ristorante?

____

3. Sono due cattivi amici?

______

4. È una cattiva idea?

______

5. Il Prof. Rossi è un cattivo professore?

______

B. In Italia ci sono tante cose belle. Using the adjective **bello,** make a comment about the following people or things.

Esempio (la macchina di Andrea)
Che bella macchina!

1. il ragazzo di Gabriella

______

2. gli occhi di Lucia

______

3. i bambini di Renata

______

4. un albergo *(hotel)* di Riccione

______

5. lo zoo di San Diego

______

6. la lingua italiana

______

Comprensione

CD 1, TRACK 23

A. Come sono buoni! Answer each question using the adjective **buono.** Then repeat the response after the speaker.

1. Esempio Com'è il vino?
È un buon vino.

______

______

______

______

2. Esempio Come sono i vini?
Sono buoni vini.

____

____

____

CD 1, TRACK 24

B. Le belle foto dall'Italia. A friend is pointing out people and things to you in a photo. Respond by using **Che** plus the adjective **bello.** Then repeat the response after the speaker.

Esempio Ecco un giardino.
Che bel giardino!

1. ______________________
2. ______________________
3. ______________________
4. ______________________
5. ______________________
6. ______________________

2.3 Avere

Pratica

A. Che cosa hanno gli amici di Gino e Luisa. Change the verb form according to each subject in parentheses.

Franco ha un buon amico.
(tu, anche loro, Luisa, io e Gino, io, voi)

____

____

____

____

____

____

B. Che cosa hanno a Roma? Complete each sentence with the correct form of **avere.**

1. Gli zii di Gino ____________________ un appartamento in città.

2. Tu e Lisa ____________________ un buon professore?

3. Io ____________________ i capelli biondi.

4. Noi ____________________ uno zio ricco.

5. ____________________ una bicicletta tu?

6. Un dottore ____________________ una professione interessante.

C. Che cosa non hanno gli amici di Luisa. Answer each question in the negative.

1. Hai una FIAT tu?

____

2. Avete dieci dollari?

____

3. Lisa ha uno zio in America?

____

4. Pio e Giulio hanno un amico tedesco?

____

5. Noi abbiamo l'indirizzo *(address)* di Gina?

____

6. Un professore ha una professione noiosa?

____

Comprensione

CD 1, TRACK 25

A. ***Avere* o *Essere*?** For each of the following sentences, underline the form of **avere** or **essere** that you hear and then provide the corresponding infinitive. Each sentence will be repeated twice. If you do not recognize every word in a sentence, listen carefully for the verb.

Esempio You hear: Claudio? Lui è dottore? Che bravo!
You underline: è, ha
You write: *essere*

1. sono, hanno ____________________

2. sono, hanno ____________________

3. sei, hai ____________________

4. siete, avete ____________________

5. sei, hai ____________________

6. siamo, abbiamo ____________________

CD 1, TRACK 26

B. Che cosa hanno gli amici di Gina. Listen to the model sentence. Then form a new sentence by substituting the nouns or pronouns given. Repeat each response after the speaker.

Esempio Io ho un cane. (tu e Gina)
Tu e Gina avete un cane.

1. ______________________
2. ______________________
3. ______________________
4. ______________________
5. ______________________
6. ______________________

CD 1, TRACK 27

C. Che cosa non hanno gli studenti di Padova. Answer each question in the negative. Then repeat the response after the speaker.

Esempio Avete una macchina voi?
No, noi non abbiamo una macchina.

1. ______________________
2. ______________________
3. ______________________
4. ______________________
5. ______________________

2.4 Frasi idiomatiche con *avere*

Pratica

A. Come sta il tuo amico Franco. Ask a friend whether . . .

1. he (she) is sleepy.

____

2. he (she) is hungry.

____

3. he (she) feels warm.

____

4. he (she) feels cold.

______

5. he (she) is thirsty.

______

6. he (she) needs money.

______

B. Ha ragione o torto? Indicate whether, in your opinion, the person making the following statements is right or wrong by writing **Ha ragione** or **Ha torto.**

1. La fisica è una scienza molto facile.

______

2. Un professore molto severo è un buon professore.

______

3. Ho paura della bomba atomica.

______

4. I clienti *(customers)* hanno sempre ragione.

______

5. Al Polo Nord fa *(it is)* molto freddo.

______

C. Di che cosa ho bisogno? Indicate whether or not you need the following people or things.

Esempio (libro)
Ho bisogno di un libro. or *Non ho bisogno di un libro.*

1. (un dizionario di tedesco)

______

2. (un dischetto)

______

3. (una matita rossa)

______

4. (un quaderno)

______

5. (un compagno di classe)

____

6. (un calendario)

____

Comprensione

CD 1, TRACK 28

A. Una descrizione. During a radio interview, Adriana Soleri, a young Italian novelist, talks about Camilla, the main character **(protagonista),** in several of her books. Listen to her description of Camilla, which will be repeated twice. Then indicate whether each of the following statements is true **(Vero)** or false **(Falso).**

Esempio You hear: La signora Soleri è di Livorno.
You underline: Vero, Falso

1. La signora Soleri scrive *(writes)* libri per ragazzi. Vero, Falso
2. La protagonista ha dodici anni. Vero, Falso
3. Camilla ha i capelli lunghi. Vero, Falso
4. Camilla ha gli occhi azzurri. Vero, Falso
5. Camilla ha una bici verde. Vero, Falso
6. Camilla non ha molti amici. Vero, Falso
7. Camilla non ha paura di niente. Vero, Falso
8. Camilla non ha mai *(never)* fame. Vero, Falso
9. Camilla ha sempre voglia di un gelato. Vero, Falso
10. Camilla è una ragazza noiosa. Vero, Falso

CD 1, TRACK 29

B. Io ho sete e tu? Listen to the model sentence. Then form a new sentence by substituting the cue. Repeat the response after the speaker.

1. **Esempio** sete
Non ha sete Lei?

1. ______________________
2. ______________________
3. ______________________
4. ______________________
5. ______________________

2. **Esempio** Luigi ha ragione. (anche tu)
Anche tu hai ragione.

1. ______________________________
2. ______________________________
3. ______________________________
4. ______________________________

CD 1, TRACK 30

C. Grazie, non ho bisogno di niente. It's the evening before an important test. Your roommate wants to help you and is asking if you need certain things. Answer her questions in the negative. Then repeat the response after the speaker.

Esempio Hai bisogno di una penna?
No, non ho bisogno di una penna.

1. ______________________________
2. ______________________________
3. ______________________________
4. ______________________________
5. ______________________________

Attualità

CD 1, TRACK 31

A. Dettato: Gina e Carmela. Listen to this short description of two young women, Gina and Carmela. It will be read the first time at normal speed, a second time more slowly so that you can supply the missing adjectives, and a third time so that you can check your work. Feel free to repeat the process several times if necessary.

Ho due ____________ amiche: Gina e Carmela. Gina è una ragazza molto ____________, ha ____________ amici e ha un gatto ____________. Carmela è molto ____________, ha i capelli ____________ e gli occhi ____________, non ha un gatto ma ha una bicicletta ____________. Gina è ____________, ma Carmela è ____________.

CD 1, TRACK 32

B. All'università di Bologna. Listen as Gina tells her friend Carmela about her new professors at the start of the school year. Then complete the sentences that follow based on their conversation.

1. Il professore di matematica è molto ____________________.
2. La professoressa di italiano è molto ____________________.
3. Il professore di latino è ____________________.
4. Sono una studentessa ____________________.

Domanda personale

Hai una lezione come Gina? Com'è il professore/la professoressa?

____

Adesso scriviamo *Chi è?*

Assume the identity of a well-known person and describe yourself in a brief paragraph. Provide basic information about your appearance and personality that should allow your reader to guess who you are. Do not divulge your name until the very end of your description!

A. First, organize your information by answering the following questions.

1. Di dove sei?

____

2. Quanti anni hai?

____

3. Sei bruno(a) o biondo(a)?

____

4. Sei alto(a) o basso(a)?

____

5. Hai gli occhi neri o azzurri?

____

6. Sei simpatico(a)?

____

7. Sei giovane?

____

8. Sei intelligente?

____

9. Sei divertente?

____

10. Hai un lavoro?

____

11. Hai un buono stipendio?

____

B. Next, organize your answers in a paragraph. Begin by indicating where you are from: **Sono di...** Then describe yourself in complete sentences. At the very end, reveal your name: **Mi chiamo...**

C. Double check your completed paragraph, looking especially at spelling and adjective agreement.

Vedute d'Italia *Il turismo sulla riviera italiana*

A. Prima di leggere. The paragraphs below provide information about three locations on the Italian Riviera; they are based on Internet sites aimed at prospective tourists. Before you read them, look carefully at the accompanying photos. Are you already familiar with any of the sites shown? Can you locate them on a map of Italy?

AMALFI

Amalfi, sulla costiera Amalfitana, al sud di Napoli, è un posto meraviglioso per passare le vacanze. Ci sono: il mare, la costa, e **i terrazzamenti** *(long flights of steps)* con giardini di buganville. Amalfi è un **luogo** *(place)* turistico molto conosciuto e frequentato grazie alla bellezza del suo panorama, e al suo clima. Amalfi è inoltre vicino ad altre bellissime località, come Positano e l'isola di Capri, che si può **raggiungere** *(to reach)* facilmente con barche e **motoscafi** *(motorboats)*.

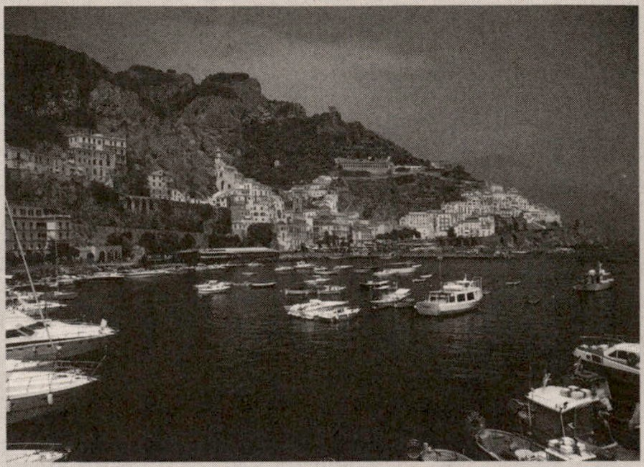

Based on: http://www.primitaly.it/campania/salerno/amalfi.htm

Le Cinque Terre

Le Cinque Terre sono cinque villaggi sulla costa del Mar Ligure, al nord di La Spezia. Sono tra il mare e le montagne, su un tratto di costa con **scogliere** *(cliffs)*, vigneti e terrazze di fiori. Le Cinque Terre sono: Monterosso, Vernazza, Corniglia, Manarola e Riomaggiore. È possibile andare da un villaggio all'altro con un treno locale, con la **barca** *(boat)* o **a piedi** *(on foot)*. Non è possibile andare in automobile.

Based on: http://www.cinqueterre.org/ita/5terre/5_terre.asp

Rimini

Rimini, nell'Emilia-Romagna, è il centro della splendida riviera sul Mare Adriatico. È uno dei centri turistici più conosciuti *(known)* per le sue **spiagge** *(beaches)*, i suoi alberghi, ostelli, **campeggi** *(camping)* e appartamenti. Rimini offre una grande, efficiente e modernissima organizzazione turistica. Infatti durante l'anno 16 milioni di turisti arrivano dall'Italia e da altri **paesi** *(countries)* europei.

Based on: http://www.turismo.provincia.rimini.it/carta_identita/chisiamo.asp

B. Alla lettura. Complete the following sentences with appropriate information from the reading.

1. Amalfi è ______.
2. Ci sono ______.
3. Oggi, Amalfi, è amata in tutto il mondo per ______.
4. Le Cinque Terre sono ______.
5. Sono su un tratto di costa con scogliere e ______.
6. Rimini si trova ______.
7. È uno dei centri turistici più conosciuti per ______.
8. I turisti arrivano da ______.

C. Culture a confronto

Dove desideri andare in vacanza *(vacation)*? Perché? Conosci *(Do you know)* un posto simile nel tuo paese *(your country)*?

______

______

CAPITOLO 3

All'università

Punti di vista Oggi studio per gli esami

CD 1, TRACK 33

Alla biblioteca dell'università di Napoli. Four friends, Maria, Lisa, Alberto, and Francesco have met at the library. Listen to their conversation, which you will hear twice, focusing on what each person is studying today.

1. Maria studia ____________________.

a. chimica
b. storia
c. matematica
d. lingue straniere
e. fisica

2. Lisa studia ____________________.

a. chimica
b. storia
c. matematica
d. lingue straniere
e. fisica

3. Alberto studia ____________________.

a. chimica
b. storia
c. matematica
d. lingue straniere
e. fisica

4. Francesco studia ____________________.

a. chimica
b. storia
c. matematica
d. lingue straniere
e. fisica

Studio di parole *Il sistema italiano degli studi*

A. Che cosa studiano? The students listed below take the courses indicated. What subject does each one take?

1. Marco: Napoleone, Garibaldi

____

2. Luisa: Michelangelo, Leonardo da Vinci

____

3. Filippo: computer, Internet

____

Nome ______________________ Data ______________ Classe ______________

4. Elisabetta: russo, arabo

____

5. Enrico: animali, piante

____

6. Valeria: produzione, mercato

____

7. Alessio: Dante, Shakespeare

____

8. Marta: il comportamento *(behavior)* del bambino

____

9. Alberto: i mass media e la società

____

10. Anna: la politica, le elezioni

____

B. Un piccolo cruciverba! *(crossword puzzle)*

Orizzontali *(Across)*

1. Gli studenti studiano in…
4. Se suono il piano studio la…
5. L'opposto di presente
8. Se prendo una «A», prendo un bel…
9. Se studio il comportamento dei bambini, studio la…
10. Se studio i programmi per computer, studio l'…

Verticali *(Down)*

2. Sinonimo di professore
3. Se studio le formule, studio la…
6. Se studio la rivoluzione francese, studio la…
7. Se studio la produzione e il mercato, studio l'…

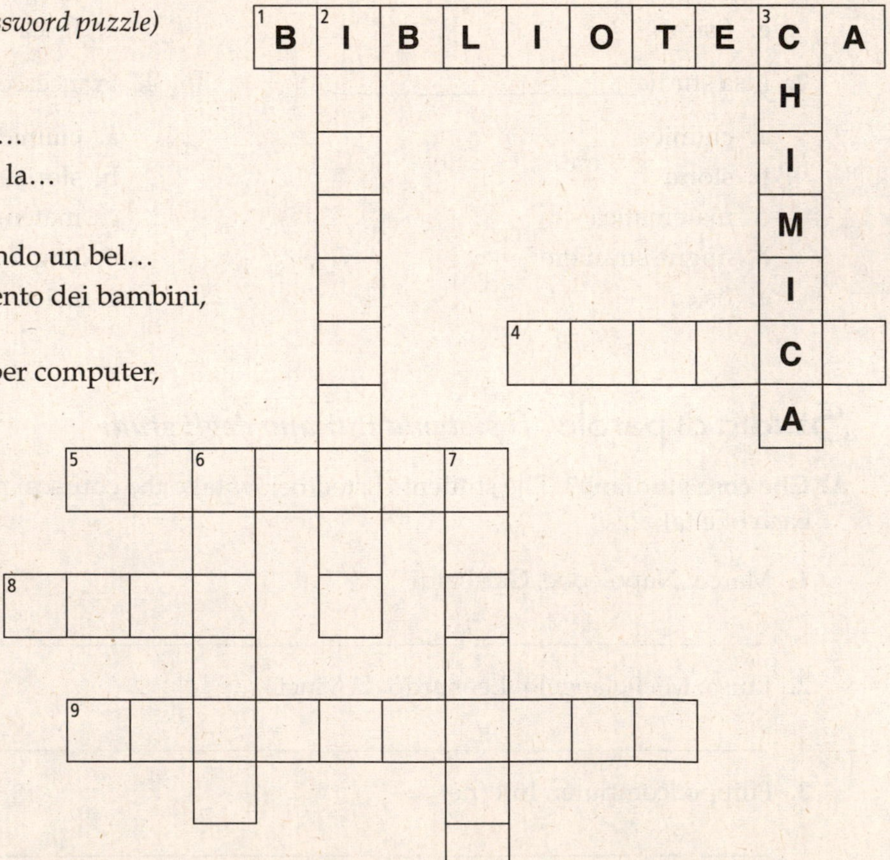

Nome ______________________ Data ______________ Classe ______________

Punti grammaticali

3.1 Verbi regolari in *-are:* il presente

Pratica

Che cosa fanno gli amici di Liliana? Change the verb form according to each subject in parentheses.

1. Liliana lavora in un ufficio. (io, voi, tu e io)

2. Voi giocate a tennis. (i ragazzi, noi, lui)

3. Antonio e Fido mangiano con appetito. (tu, Lei, voi due, Luigi e io)

4. La signora Rovati non compra dolci perché è grassa. (noi, io, anche tu)

5. Aspetto l'autobus. (lui e lei, tu, anche Antonio)

6. Il professore Bianchi spiega i verbi. (noi, Lucia, tu, io e lei)

7. Oggi studiamo una lezione di storia. (tu, voi, anch'io)

8. Ascolti musica classica alla radio. (voi, i ragazzi, io)

Nome ______________________ Data ______________ Classe ______________

Comprensione

CD 1, TRACK 34

A. Cosa fanno gli studenti? Listen to the descriptions of what various people are doing right now. Then, match their actions to the scenes by writing the letter of the drawing that corresponds to each statement. You will hear each statement twice.

1. ________
2. ________
3. ________
4. ________
5. ________
6. ________
7. ________
8. ________
9. ________
10. ________

a.

b.

c.

d.

e.

f.

g.

h.

i.

j.

CD 1, TRACK 35

B. Cantiamo tutti come Pavarotti. Listen to the model sentence. Then form a new sentence by substituting the subject given. Repeat each response after the speaker.

Esempio Pavarotti canta bene. (io)
Io canto bene.

1. ______________________________
2. ______________________________
3. ______________________________
4. ______________________________
5. ______________________________
6. ______________________________

CD 1, TRACK 36

C. Impariamo a fare domande. Change each statement into a question. Then repeat the question after the speaker.

Esempio Pietro compra un regalo.
Compra un regalo Pietro?

1. ______________________
2. ______________________
3. ______________________
4. ______________________
5. ______________________

CD 1, TRACK 37

D. Impariamo a rispondere di no. Answer each question in the negative. Then repeat the response after the speaker.

Esempio Mangi spaghetti tu?
No, io non mangio spaghetti.

1. ______________________
2. ______________________
3. ______________________
4. ______________________
5. ______________________

3.2 Le preposizioni

Pratica

A. Di chi sono queste cose? Indicate the owner of each of the following things according to the example.

Esempio (professore / penna)
È la penna del professore.

1. (mamma / tavolo)

____

2. (papà / sedia)

____

3. (bambini / letti)

____

4. (zio / macchina)

____

5. (signori / casa)

____

6. (studenti / esame)

____

B. Dove sono queste cose e persone? Indicate where the following persons or things can be found, using the elements given.

Esempio (su / dizionario / tavolo)
Il dizionario è sul tavolo.

1. (in / sedie / stanza)

____

2. (a / Pietro / conferenza)

____

3. (su / signori Bini / autobus)

____

4. (in / fogli / cartoleria)

____

5. (su / libri / scaffali)

____

6. (su / fotografie / pareti)

____

7. (in / stanza / edificio)

____

Comprensione

CD 1, TRACK 38

A. Dove sono e cosa fanno Anna e Carlo? Listen to the following statements and indicate which preposition—**a, in,** or **di**—is used in each case. Each statement will be repeated twice.

Esempio You hear: Luca abita a Milano.
You underline: a, in, di

1. a, in, di
2. a, in, di
3. a, in, di
4. a, in, di
5. a, in, di
6. a, in, di

CD 1, TRACK 39

B. Le preposizioni articolate: sul, sulla? Look at the drawing below and listen to the related statements. Indicate whether each is true or false, by placing a checkmark beside the correct answer. Each sentence will be repeated twice.

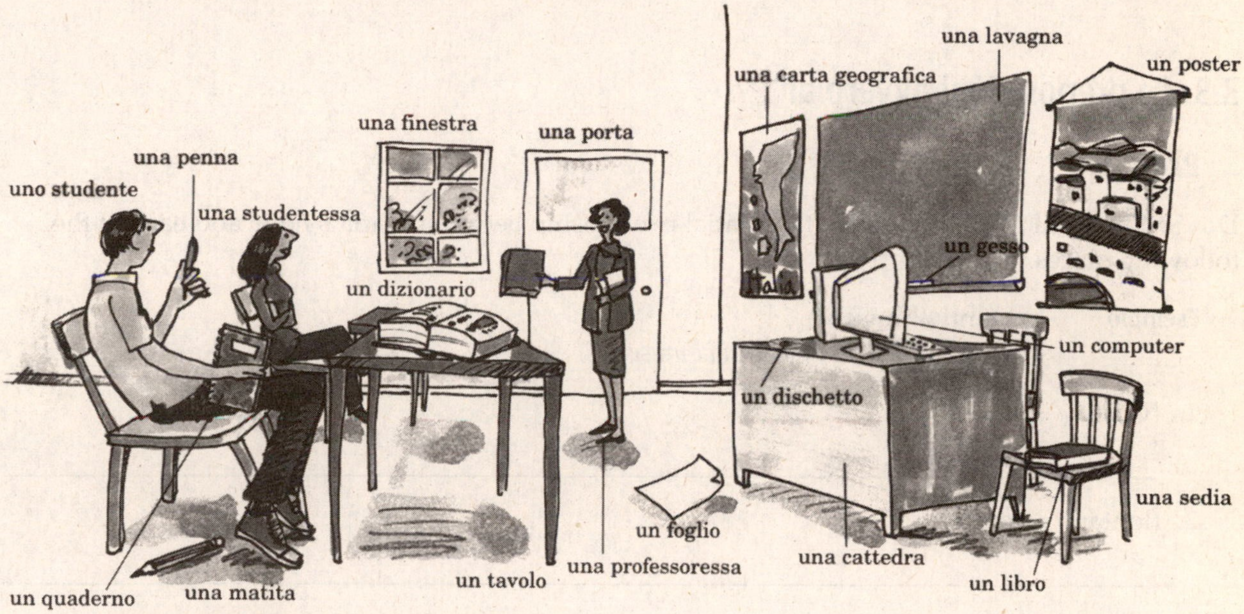

Esempio You hear: Il dizionario è sul tavolo.
You write a checkmark beside: vero ✓ falso _____

1. vero _____ falso _____
2. vero _____ falso _____
3. vero _____ falso _____
4. vero _____ falso _____
5. vero _____ falso _____

Nome ______________________ Data ______________ Classe ______________

CD 1, TRACK 40

C. Di chi sono queste stanze? Paolo lives in a huge villa and is showing his friends the different rooms. Re-create Paolo's statements, using the cue and following the example. Then repeat the response after the speaker.

Esempio il papà
È la stanza del papà.

1. ______________________________
2. ______________________________
3. ______________________________
4. ______________________________
5. ______________________________
6. ______________________________

3.3 Le preposizioni avverbiali

Pratica

Dov' è l'hotel di Maria? Indicate the spatial relationship between Maria's hotel and each of the following places.

Esempio (davanti / museo)
L'albergo di Maria è davanti al museo.

1. (vicino / stazione)

____

2. (lontano / centro)

____

3. (dietro / chiesa)

____

4. (lontano / giardini)

____

5. (davanti / posta)

____

6. (fuori / città)

____

Nome ______________________________ Data ______________ Classe ______________

Comprensione

CD 1, TRACK 41

A. Descriviamo l'università di Parma. Listen to the description of the city of Parma to learn where each of the buildings mentioned is. Then provide the missing preposition in each of the sentences below. Each description will be repeated twice.

1. La biblioteca è ______________________ alla facoltà di Lingue straniere.
2. La libreria è ______________________ la biblioteca.
3. Il ristorante Da Pino è ______________________ alla facoltà di matematica.
4. La facoltà di ingegneria è ______________________ la libreria.
5. La facoltà di matematica è ______________________ dalla biblioteca.

CD 1, TRACK 42

B. Dov'è Pierino? Pierino is an active child who likes to play in his garage. Retrace his movements, using the cue. Then repeat the response after the speaker.

Esempio dentro
Pierino è dentro la macchina.

1. ____
2. ____
3. ____
4. ____
5. ____

CD 1, TRACK 43

C. Lucia visita la città di Verona. Lucia is visiting a new city and is asking about different places. Using the cues, answer each of her questions. Then repeat the response after the speaker.

Esempio Il museo è vicino all'università? (no / lontano)
No, è lontano dall'università.

1. ____
2. ____
3. ____
4. ____

3.4 Quale? e che? *(Which? and what?)*

Pratica

A. Siamo più specifici, non capisco. A friend is asking you where the following things are, but you want him to be more specific. Follow the example.

Esempio Dov'è il libro?
Quale libro?

1. Dove sono le lettere? ______________________
2. Dov'è il negozio? ______________________
3. Dove sono i monumenti? ______________________
4. Dov'è la banca? ______________________
5. Dov'è l'autobus? ______________________

B. Che... ! React with an exclamation to the following statements, according to the example.

Esempio Marco è un ragazzo molto bello.
Che bel ragazzo!

1. Gina è una studentessa molto brava.
____
2. La stanza di Maria è molto disordinata.
____
3. Il mio amico è un ragazzo molto simpatico.
____
4. Lisa e Gina sono due ragazze molto carine.
____
5. L'orologio di Luigi è molto bello.
____

Nome ______________________ Data ______________ Classe ______________

Comprensione

CD 1, TRACK 44

A. Che cosa significa? A friend is asking you where the following things are, but you want him/her to be more specific asking **Quale… ?** Repeat the response after the speaker.

Esempio Dov'è il parco?
Quale parco?

1. ______________________
2. ______________________
3. ______________________
4. ______________________
5. ______________________

CD 1, TRACK 45

B. Di che tipo? A friend is making a statement about the following things, but you want him/her to be more specific by asking **Che… ?** Repeat the response after the speaker.

Esempio Oggi io ho una lezione.
Che lezione?

1. ______________________
2. ______________________
3. ______________________
4. ______________________

Nome ______________________ Data ______________ Classe ______________

Attualità

CD 1, TRACK 46

A. Dettato: La stanza di Marco. Listen to the description of Marco's room at the University of Parma. It will be read the first time at normal speed, a second time more slowly so that you can supply the missing words, and a third time so that you can check your work. Feel free to repeat the process several times if necessary.

Marco abita ________ un nuovo ______________________ in via Garibaldi, molto ______________________ all'università. La stanza di Marco è molto ______________________ e lui ha un compagno di stanza che si chiama Alberto.

Ci sono due ______________________, una finestra dà ______________________ un bel parco, l'altra finestra invece dà ______________________ strada. Nella stanza ci sono due ______________________, due ______________________ e due scrivanie. ______________________ scrivanie ci sono molti oggetti: carte, ______________________, libri, ______________________, una lampada e un computer. Alle pareti e sulla ______________________ ci sono poster di cantanti rock, perché Marco e Alberto ______________________ la musica rock e ______________________ la chitarra. Sul pavimento ci sono molti fogli di carta. La stanza è disordinata perché Marco e Alberto sono molto occupati: sono studenti di ______________________ all'università di Parma e, quando sono liberi, ______________________. Marco lavora in un negozio vicino ________ ______________________, mentre Alberto lavora ________ ______________________.

CD 1, TRACK 47

B. Com'è la stanza di Liliana? Listen now to the description of Liliana's room and answer the following questions. You will hear the description twice.

1. È in un nuovo edificio la stanza di Liliana?

____

2. È grande la stanza di Liliana?

____

3. Ha una compagna di stanza?

____

Nome ______________________ Data ____________ Classe ____________

4. Che mobili *(furniture)* ci sono nella stanza?

____

5. Quali oggetti ci sono sul tavolo?

____

6. Perché Liliana ha molte foto di panorami alle pareti?

____

7. È ordinata la stanza di Liliana?

____

8. Che cosa studia Liliana all'università di Padova?

____

9. Chi vede quando è libera?

____

Domande personali

1. Com'è la tua stanza? È ordinata? È grande o piccola? Hai una finestra?

____

2. Quando sei stanco(a) di studiare, cosa desideri fare?

____

Nome ______________________ Data ____________ Classe ____________

Adesso scriviamo *Cerco un compagno / una compagna di stanza*

You are looking for a roommate and you write a brief advertisement to post on the university bulletin boards. Follow the steps outlined below to organize and present your information in a single, readable paragraph.

A. To organize your thoughts, begin by answering the following questions:

1. Dove abiti?

____

2. La stanza è grande?

____

3. C'è una finestra?

____

4. È ordinata?

____

5. Ci sono due scrivanie? Due letti? Due… ?

____

6. Hai un computer? Un televisore?

____

7. Hai un cane o un gatto?

____

8. Studi la mattina o la sera?

____

9. Ascolti la musica?

____

B. Next, organize your responses into a short paragraph. Begin by saying where you live: **Abito a…** Then describe your room and your living preferences.

C. Double check your completed paragraph. Make sure you have spelled all words correctly and that you have used the right forms of verbs and prepositions.

Nome ______________________ Data ______________ Classe ______________

Vedute d'Italia *Cerco una stanza o un compagno/una compagna di stanza*

A. Prima di leggere. The following room/roommate advertisements are from a university bulletin board. Although some of the language used is unfamiliar to you, focus as you read them on the essential information a housing advertisement will probably contain: the location, for example, whether a male or female roommate is desired, and contact information.

A.

Cerco Alloggio

Studente universitario cerca una stanza in famiglia, con possibilità di uso cucina. Non fumatore. Referenze. Scrivete a: Luciano Ghilardi, presso famiglia Filon, via Unione 6, Vicenza.

B.

Cerco

studentessa per condividere piccolo appartamento vicinanze università. Metà affitto più metà spese. Contratto scade fine agosto. Requisiti: non fumatrice e non avere animali domestici. Telefonate la sera dopo le 8 allo 02/99351.

C.

Studentessa di ingegneria cerco posto letto in camera singola. Spesa max 300 euro. Ricevo e-mail per offerte – mdalma@tin.it

D.

Cerco urgentemente compagno di stanza per dividere una stanza doppia in pieno centro, max 200 euro. Telefonare al 326-4523494 – martaspasi@tiscali.it

B. Alla lettura. Look carefully at advertisement A and complete the following sentences.

1. Lo studente cerca ______________________________.
2. Lo studente desidera l'uso della ______________________________.
3. Per referenze telefono a ______________________________.

Now look carefully at advertisement B and complete the following sentences.

4. Lo studente/La studentessa cerca una studentessa per ____________________.
5. La studentessa paga ____________________.
6. Il contratto scade *(expires)* ____________________.
7. I requisiti sono: ____________________.
8. La studentessa telefona al ____________________.

Then read advertisement C and answer the following questions.

9. Che cosa studia la studentessa? ____________________.
10. Che cosa cerca? ____________________.
11. Che cosa riceve? ____________________.

Now read advertisement D and answer the following questions.

12. Che cosa cerca questo studente/questa studentessa?

____

13. Dove ha la stanza?

____

14. Quanto paga?

____

15. A quale numero telefoni?

____

C. Culture a confronto. A quale offerta di stanza o di compagno/compagna di stanza desideri rispondere? Perché?

____

____

CAPITOLO 4

A tavola

Punti di vista Al ristorante

CD 2, TRACK 2

A. Al ristorante «Bell'Italia». You will hear four short conversations that take place at a restaurant in Italy. Match each conversation with the appropriate description. You will hear each conversation twice.

1. ________ Two friends have an afternoon drink at a bar.

2. ________ Two friends have lunch in a café.

3. ________ Two friends have breakfast at a café.

4. ________ Two friends have lunch in a nice restaurant.

CD 2, TRACK 3

B. Cosa ordinano? Listen again to the four conversations among customers at a restaurant. Then answer the following questions. You will hear each conversation twice.

Dialogue A

1. What does each person order?

____

____

2. What do they order to drink?

____

Dialogue B

1. What are the names of the two friends?

____

2. Who orders a pizzetta?

____

Dialogue C

1. Which friend is paying today?

____

2. Does Lorenzo end up drinking an **aranciata**? If not, what does he order?

____

Dialogue D

1. What do the two friends order?

____

2. Why Carla does not order coffee?

____

Studio di parole *A tavola*

A. Il menù. Give the appropriate title to each group of dishes. Choose from the following list: **dolci, antipasti, pesce, secondi di carne, frutta, contorni, primi piatti.**

1. ____________________: patate fritte, insalata verde, insalata mista
2. ____________________: risotto alla pescatora, spaghetti alle vongole, tortellini alla panna
3. ____________________: prosciutto e melone, salmone affumicato, misto di mare freddo
4. ____________________: bistecca alla griglia, scaloppine al marsala, pollo alla diavola
5. ____________________: zuppa inglese, torta della nonna, gelato in coppa
6. ____________________: sogliola alla mugnaia, trota al burro, fritto misto
7. ____________________: macedonia, frutta di stagione, frutta secca

B. Abitudini alimentari. Complete the following statements with your preferences.

1. **A casa**

   a. A colazione prendo

   ____

   b. A pranzo mangio

   ____

   c. A cena bevo

   ____

2. Al ristorante

a. Come antipasto prendo

____

b. Come primo piatto prendo

____

c. Come secondo piatto prendo

____

d. Come contorno prendo

____

e. Bevo

____

3. Al bar

a. A colazione prendo

____

b. A pranzo prendo

____

c. Bevo

____

d. Nel pomeriggio prendo

____

Punti grammaticali

4.1 Verbi regolari in *-ere* e *-ire:* il presente

Pratica

A. Cosa fanno queste persone? The following are activities that take place in a restaurant. Complete each sentence with the appropriate form of the verb in parentheses.

1. (servire) I camerieri ______________________ il pranzo.
2. (prendere) Alcune signore ______________________ un gelato.
3. (rispondere) La mamma ______________________ al telefono.
4. (aprire) Una signorina ______________________ il regalo.
5. (offrire) Un cameriere ______________________ dell'acqua a dei bambini.
6. (leggere) Molte persone ______________________ il giornale.

B. Al caffè dell'università di Torino. The following sentences are fragments of conversations that one might hear at a café frequented by students. Answer each question that follows with a logical sentence, as if you were in that café.

Esempio Io leggo il libro d'italiano. E voi?
Noi leggiamo il libro di storia.

1. Stasera io vedo un film di Bertolucci. E voi?

____

2. Lui segue tre corsi. E tu?

____

3. Lo zio di Pietro vive a New York E gli zii di Carlo?

____

4. Noi dormiamo otto ore. E lui?

____

5. Noi riceviamo brutti voti. E loro?

____

6. Lui scrive una lettera a un amico. E tu?

____

7. Io chiedo soldi a papà. E voi?

____

Nome ______________________ Data ____________ Classe ____________

8. Il padre di Marcello parte in aereo. E voi?

____

9. Noi prendiamo un caffè. E tu?

____

Comprensione

CD 2, TRACK 4

A. Le attività degli studenti. Listen as each person describes his/her favorite activity. Then write in the person's name below the illustration of that activity. You will hear each description twice.

a. ____________________

b. ____________________

c. ____________________

d. ____________________

e. ____________________

f. ____________________

CD 2, TRACK 5

B. Noi leggiamo molto. Listen to the model sentence. Then form a new sentence by substituting the subject given. Repeat the response after the speaker.

Esempio Io leggo molti libri. (tu)
Tu leggi molti libri.

1. ______________________
4. ______________________
2. ______________________
3. ______________________

CD 2, TRACK 6

C. Quanto dormono a casa di Luisa! Listen to the model sentence. Then form a new sentence by substituting the noun or pronoun given and making all necessary changes. Repeat the response after the speaker.

Esempio Quante ore dormi tu? (Luisa)
Quante ore dorme Luisa?

1. ______________________
2. ______________________
3. ______________________
4. ______________________
5. ______________________

CD 2, TRACK 7

D. Rispondiamo alle domande di Marisa. Marisa is asking Gianna about things she and her friends are doing. Use the cue and follow the example to answer each of Marisa's questions. Then repeat the response after the speaker.

Esempio Leggi il giornale adesso? (no)
No, non leggo il giornale adesso.

1. ______________________
2. ______________________
3. ______________________
4. ______________________
5. ______________________
6. ______________________

4.2 Il partitivo; *alcuni, qualche, un po' di (some, any)*

Pratica

A. Di che cosa ho bisogno per il pranzo? Complete the following with **di** plus the correct form of the article.

Esempio *della* birra

Oggi io preparo il pranzo e ho bisogno ______________ pasta, ______________ carne, ______________ vino, ______________ spaghetti, ______________ pane, ______________ pomodori, ______________ caffè, ______________ spinaci, ______________ zucchero, ______________ spumante.

B. Più di uno. Answer each question, replacing the article with the partitive and making the necessary changes.

Esempio Hai un libro d'italiano?
Sì, ho dei libri d'italiano.

1. Hai un'amica simpatica?

____

2. C'è un albero in piazza?

____

3. C'è una foto alla parete?

____

4. Avete una fotografia di Anna?

____

5. Ascoltate un disco?

____

6. Invitate un ragazzo alla festa?

____

7. Cantate una canzone italiana?

____

C. Facciamo o non facciamo queste cose? Answer each question in the affirmative or the negative and replace the article with the partitive when necessary.

Esempio Hai degli amici? (sì / no)
Sì, ho degli amici. / No, non ho amici.

1. Offri del gelato? (sì)

____

2. Servite dei dolci? (no)

____

3. Scrivete delle lettere? (no)

____

4. Prendi dello zucchero? (no)

____

5. Avete degli esami oggi? (no)

____

6. Leggete dei giornali? (sì)

____

D. Usiamo *qualche*. Answer each question in the affirmative, replacing the partitive with **qualche** and making the necessary changes.

Esempio Ci sono dei regali?
Sì, c'è qualche regalo.

1. Scrivete degli inviti?

____

2. Avete delle opinioni?

____

3. Ci sono delle macchine nella strada?

____

4. Ricevi dei regali per il tuo compleanno?

____

E. Usiamo *un po' di.* Answer each question in the affirmative and replace the partitive with **un po' di.**

Esempio C'è del pane?
Sì, c'è un po' di pane.

1. Servite del formaggio?

____

2. Compri del prosciutto?

____

3. Prendi del pane?

____

4. C'è del pollo nel frigo?

____

Comprensione

CD 2, TRACK 8

A. L'ora del tè a casa della nonna. Listen to the preferences expressed by guests during tea time at grandma's house. Then indicate which of the following—**alcuni/e, qualche,** or **un po' di**—is used in each case. You will hear each statement twice.

Esempio You hear: Piero prende un po' di acqua minerale.
You underline: alcuni/e, qualche, <u>un po' di</u>

1. alcuni/e, qualche, un po' di
2. alcuni/e, qualche, un po' di
3. alcuni/e, qualche, un po' di
4. alcuni/e, qualche, un po' di
5. alcuni/e, qualche, un po' di
6. alcuni/e, qualche, un po' di

CD 2, TRACK 9

B. Che cosa ordiniamo al ristorante? Complete according to the model sentence by using the cue and the appropriate partitive. Repeat each response after the speaker.

Esempio Noi ordiniamo… (vino)
Noi ordiniamo del vino.

1. ______________________________
2. ______________________________
3. ______________________________
4. ______________________________
5. ______________________________
6. ______________________________

CD 2, TRACK 10

C. Non siamo specifici. Answer each question affirmatively, replacing the article with the appropriate partitive. Repeat each response after the speaker.

Esempio Servi la carne?
Sì, servo della carne.

1. ______________________
2. ______________________
3. ______________________
4. ______________________
5. ______________________

4.3 *Quanto?* e i numeri cardinali

Pratica

A. Formiamo delle domande. Ask the questions that would elicit the following answers.

Esempio Abbiamo due gatti.
Quanti gatti avete?

1. I Rossi hanno tre bambine.

____

2. 7 x 7 fa 49.

____

3. Marco ha 250 dollari.

____

4. Ci sono 3 fontane in piazza.

____

5. Ci sono 28 giorni a febbraio.

____

6. Ho 22 anni.

____

B. Scriviamo i numeri in italiano. Write the following sentences in Italian, spelling out the numbers.

1. There is 1 house.
2. There are 26 boys.
3. There are 358 pages.
4. There are 60 million inhabitants.
5. There are 14 days.
6. There are 4,450 dollars.
7. There are 60 minutes.
8. There are 100 years.

C. Quanto fa? Write out the answers to the following arithmetic problems.

1. dodici (più) ventiquattro ______
2. settantadue (meno) trentuno ______
3. venti (per) cinque ______
4. duemila (diviso) quattro ______

D. Quanto costa? Mirella wants to buy a present for her boyfriend and is asking you how much each item costs.

Esempio Quanto costa una motocicletta? (500 dollari)
Costa cinquecento dollari.

1. una chitarra elettrica? (360 dollari)
2. una bicicletta? (255 dollari)

3. un orologio *(watch)* Gucci (150 dollari)

____

4. un viaggio *(trip)* in Italia (2.000 dollari)

____

E. Quanti sono? Write out the answers to the following questions.

1. Quanti giorni ci sono in un anno?

____

2. Quanti anni ci sono in un secolo?

____

3. Quante settimane ci sono in un anno?

____

4. Quanti giorni ci sono nel mese di dicembre?

____

5. Quanti anni hai?

____

Comprensione

CD 2, TRACK 11

A. Contiamo in italiano. Count from zero to twenty in Italian, repeating each number after the speaker, and spelling out the numbers.

____________	____________	____________
____________	____________	____________
____________	____________	____________
____________	____________	____________
____________	____________	____________
____________	____________	____________
____________	____________	

CD 2, TRACK 12

B. A quale numero abiti? Listen to the following statements about people's street addresses and write the number you hear in each case. You will hear each statement twice.

Esempio You hear: Maria Luisa abita al numero quarantatré.
You write: *43*

1. ____________
2. ____________
3. ____________
4. ____________
5. ____________
6. ____________

CD 2, TRACK 13

C. Formiamo le domande. Give the question that would elicit each of the following answers. Repeat each response after the speaker.

Esempio Papà ha quarantanove anni.
Quanti anni ha papà?

1. ______________________________
2. ______________________________
3. ______________________________
4. ______________________________

4.4 Molto, tanto, troppo, poco, tutto, ogni

Pratica

A. Ci sono molte cose. Modify each sentence by replacing the partitive with the correct form of **molto.**

Esempio Voi comprate della pasta?
Noi compriamo molta pasta.

1. Avete dei compiti per domani?

____

2. C'è della Coca-Cola nel frigo?

____

3. Ricevete degli inviti?

____

4. Hai del tempo libero *(free)*?

____

B. Ci sono poche cose. Answer in the negative using the correct form of **poco.**

Esempio Hai tanti amici?
No, ho pochi amici.

1. Avete tanta fame?

____

2. Studi molte ore?

____

3. Hai molto tempo?

____

4. Ascoltate molti dischi di musica classica?

____

C. Ci sono troppe cose. Re-create each sentence using **troppo.** Follow the example.

Esempio Io mangio degli spaghetti.
Io mangio troppi spaghetti.

1. Voi vedete dei film.

____

2. Franca cucina della pasta.

____

3. Gli studenti hanno delle lezioni per domani.

____

4. Tu servi dei dolci per il pranzo.

____

D. Facciamo tutto. Answer each question using the correct form of **tutto.**

Esempio Arrivano gli invitati?
Sì, arrivano tutti gli invitati.

1. Marco mangia la torta?

____

2. Il professore spiega le lezioni?

____

3. Paghi i conti?

____

4. Scrivete agli invitati?

____

E. ***Ogni* al posto di *tutti/e*.** Rewrite each sentence, replacing **tutti/tutte** with **ogni.**

Esempio Arrivate a scuola tutti i giorni?
Sì, arriviamo a scuola ogni giorno.

1. La professoressa ripete tutte le spiegazioni?

____

2. Ascolti tutti i dischi di Laura Pausini?

____

3. Avete bisogno di tutti gli amici?

____

4. Lavori tutti i giorni?

____

Comprensione

CD 2, TRACK 14

A. Al supermercato. Listen to the following statements overheard at a supermarket and indicate which form of **molto – molto, molta, molti, molte** – is used in each case. You will hear each statement twice.

Esempio You hear: Paolo mangia molta pasta.
You underline: molto, <u>molta</u>, molti, molte

1. molto, molta, molti, molte

2. molto, molta, molti, molte

3. molto, molta, molti, molte

4. molto, molta, molti, molte

5. molto, molta, molti, molte

6. molto, molta, molti, molte

CD 2, TRACK 15

B. Troppo da fare! Modify each sentence by replacing the definite article with the correct form of **troppo.** Repeat each response after the speaker.

Esempio Noi abbiamo i compiti.
Noi abbiamo troppi compiti.

1. ____

2. ____

3. ____

4. ____

Nome ______________________________ Data ______________ Classe ______________

Attualità

CD 2, TRACK 16

A. Dettato. La festa di compleanno di Gabriella. Listen as Filippo describes Gabriella's birthday party. His description will be read the first time at normal speed, a second time more slowly so that you can supply the missing words, and a third time so that you can check your work. Feel free to repeat the process several times if necessary.

Oggi Gabriella compie ____________________ anni, è un giorno ____________________ importante, ci sono ____________________ amici alla festa. Marcello porta ____________________ bottiglie di spumante. Liliana porta dei ____________________ al prosciutto mentre Antonio ____________________ la chitarra alla festa, perché lui è sempre al verde. Io invece porto del ____________________ rosso e una ____________________ Motta. Lucia prepara un ____________________ con le ____________________. È una bella festa!

CD 2, TRACK 17

B. Gabriella organizza la sua festa di compleanno. Listen as Gabriella discusses with her mother how to organize her birthday party. Feel free to listen to the dialogue several times if necessary. Then answer the following questions.

1. Chi invita Gabriella?

____

2. Perché Gabriella invita solo sei amici?

____

3. Che antipasto prepara Gabriella?

____

4. Chi porta l'arrosto?

____

5. Chi porta i panini al prosciutto?

____

6. Chi porta il dolce?

____

Domanda personale

Che cosa porti alla festa di Gabriella?

____

Nome ______________________ Data ______________ Classe ______________

Adesso scriviamo *Una festa*

You have decided to organize a potluck dinner to celebrate the beginning of the semester and get to know your new classmates. Write an e-mail to specify what each person should bring.

A. To get organized, complete the following chart planning the meal and indicating who can contribute to each course.

PRIMI PIATTI

Esempio Carlo *porta del risotto.*

Laura ______________________

Matteo ______________________

Ornella ______________________

SECONDI PIATTI

Maria ______________________

Dario ______________________

Teresa ______________________

CONTORNI

Giovanna ______________________

Alessandro ______________________

Valeria ______________________

DOLCI

Lorenzo ______________________

Elisabetta ______________________

BEVANDE

Antonella ______________________

Sergio ______________________

Gianni ______________________

B. Next, write your e-mail, using the information from your chart.

You can start like this:

Venerdì sera invito la classe di italiano a una festa.

Come primi piatti, Laura porta gli spaghetti al pomodoro, Matteo…

C. Double check your completed paragraph. Make sure you have spelled all words correctly and that you have used the correct forms of the partitive.

Vedute d'Italia *Dove andiamo a mangiare?*

A. Prima di leggere. You are about to read four advertisements for Italian restaurants. Focus on what type of restaurant is being described in each case and on that basis decide what kinds of dishes it may serve.

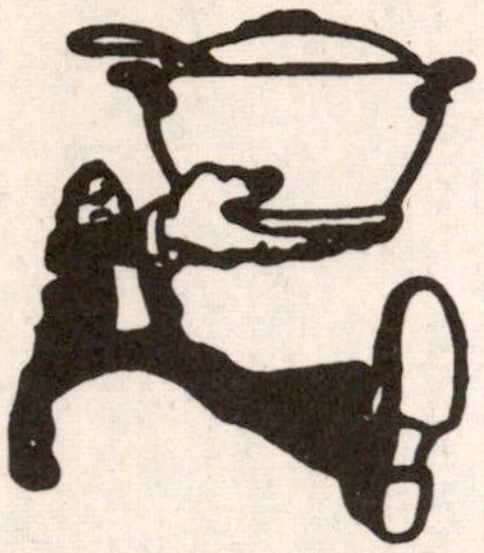

TRATTORIA
Enzo & Piero
di MA.MI.MA. s.r.l.
Via Faenza, 105/r – 50123 FIRENZE
TEL. e FAX 21.49.01
VERA CUCINA CASALINGA
Cod. fisc. e part. IVA 00469830483

Paninoteca Arcobaleno
Birreria, gelateria, bar, caffè nel bel centro storico di Rimini!
Corso Garibaldi 37
47900 Rimini
Tel. 0541-93456
e Fax 0541-93457

Ristorante del capitano di Bordin Carlo
Bar • Ristorante • Locanda • Paninoteca
sede: Piazza Marconi, 21
Tel. (0187) 812201
19018 VERNAZZA (SP)
dom. fisc.: Via Visconti, 23 – 19018 VERNAZZA (SP)
C.F. BSS GCM 28E12 L774V – P. IVA 00036920114

Pizzeria "S. Lucia"
di SERVODIO e C. s.n.c.
PIAZZA MARTIRI DELLA LIBERTA 42 TELEFONO (0185) 287163
16038 SANTA MARGHERITA LIGURE
Cod. Fisc. 009677 40 101 P. IVA 00174650994
Reg. Soc. Trib. Chiavari No 2470/2514 C.C.I.A.A. di Genova No 232569

B. Alla lettura. Now suggest what dishes each restaurant is likely to serve by making selections from the list below:

Tortellini alla panna / pizza margherita / scaloppine / dolce della nonna / prosciutto e melone / pollo alla cacciatora / pizzetta / pasta alla bolognese / dolce tiramisù / vino Chianti / acqua minerale / aranciata / gelato / i cannelloni alla napoletana / panino con arrosto / melanzane / bistecca / braciola ai ferri / il pesce fritto / patate fritte / birra / panino caldo al prosciutto e formaggio

Trattoria Enzo e Piero: ______________________

Pizzeria «S. Lucia»: ______________________

Ristorante del Capitano: ______________________

Paninoteca Arcobaleno: ______________________

C. Culture a confronto. In quale ristorante desideri cenare? Perché?

____

Nome ______________________ Data ______________ Classe ______________

CAPITOLO 5

Attività e passatempi

Punti di vista Pronto? Chi parla?

CD 2, TRACK 18

Prendiamo messaggi telefonici. You are house-sitting for Italian friends over the weekend and take two phone messages for members of the family. Complete the following message slips with the basic information. You will hear each phone call twice.

1.

Messaggio importante

Per chi? ______________________

Chi telefona? ______________________

Messaggio: ______________________

____

____

____

____

____

2.

Messaggio importante

Per chi? ______________________

Chi telefona? ______________________

Messaggio: ______________________

____

____

____

____

____

Studio di parole *Il telefono*

A. Gioco di abbinamento *(Matching game).* Match each word or expression in column A with the correct definition from column B.

A

1. ________ prefisso
2. ________ occupato
3. ________ l'elenco telefonico
4. ________ il (la) centralinista
5. ________ il telefono pubblico
6. ________ pronto

B

a. Il libro con i numeri di telefono.
b. Abbiamo bisogno di questo numero per fare una telefonata interurbana.
c. Parliamo con questa *(this)* persona quando abbiamo bisogno di aiuto *(help).*
d. Usiamo questo telefono quando non siamo a casa.
e. Rispondiamo al telefono con la parola…
f. Quando la persona che noi chiamiamo è al telefono, il suo telefono è…

B. Una telefonata. Carlo calls Filippo to make plans for the evening. Put their statements in the proper order by numbering them from 1 to 7.

_______ —Oh, ciao Carlo!

_______ —Pronto?

_______ —D'accordo. A stasera.

_______ —Pronto! Sono Carlo.

_______ —Ciao.

_______ —Cosa facciamo stasera?

_______ —Perché non andiamo al cinema?

Punti grammaticali

5.1 Verbi irregolari in *-are*

Pratica

A. Cosa fanno queste persone? Complete each sentence using the appropriate form of **andare, dare, stare,** or **fare.**

1. Noi ______________________ al mercato *(market)* in bicicletta.
2. Tutte le mattine i ragazzi ______________________ la doccia.
3. Quando ha tempo lei ______________________ a teatro.
4. ______________________ colazione la mattina, tu?
5. Loro ______________________ a teatro una volta alla settimana.
6. Bambini, perché non ______________________ zitti *(quiet)*?
7. Mamma, dove ______________________ a fare la spesa?
8. Io ______________________ per chiamare la centralinista.
9. Francesco ______________________ un libro a Gina.

B. Un sabato a casa di Dino e Lucia. Complete the following paragraph with the appropriate form of the verbs in parentheses.

Oggi è sabato. Io (fare) ________________ la spesa, e poi i bambini e io (fare) ________________ una passeggiata a piedi in città. Dino invece (stare) ________________ a casa perché non (stare) ________________ molto bene. Questa sera Dino ed io (andare) ________________ da alcuni amici che *(who)* (dare) ________________ una festa. Questi amici (stare) ________________ in via Garibaldi, non molto lontano. Noi (fare) ________________ la doccia e dopo cena (dare) ________________ un bacio *(kiss)* ai bambini e, finalmente, (andare) ________________ dagli amici.

C. Facciamo domande al professore. Pretend you are a professor and answer the following questions. Begin each answer with the verb.

Esempio Fa o non fa colazione la mattina?
Faccio colazione la mattina.

1. Fa molte o poche passeggiate Lei?

____

2. Dà o non dà del tu quando Lei parla agli amici?

____

3. Fa o non fa domande Lei in classe?

____

4. Dove va a mangiare Lei a mezzogiorno?

____

5. Fa molte o poche fotografie Lei?

____

6. Fa o non fa un viaggio presto *(soon)*?

____

Comprensione

CD 2, TRACK 19

A. Cosa fanno gli Italiani in centro a Milano? You will hear twice what some people who live in Milan like doing on Sunday morning. Listen carefully and match each description with the appropriate drawing.

1. ________
2. ________
3. ________
4. ________
5. ________
6. ________

a.

b.

c.

d.

e.

f.

CD 2, TRACK 20

B. Dove vanno gli studenti dopo le lezioni? Listen to where various students who attend the University of Naples are going after their classes. You will hear each sentence twice. Fill in the subject(s) and the form of the verb **andare** that you hear.

1. ______________________ al cinema.
2. ______________________ a casa.
3. ______________________ in biblioteca.
4. ______________________ a giocare a basket.
5. ______________________ al parco.
6. ______________________ in palestra.

CD 2, TRACK 21

C. Usiamo stare. Form a new sentence by substituting the subject given as a cue and making all necessary changes. Repeat each response after the speaker.

Esempio Sto bene e do una festa. (la signora)
La signora sta bene e dà una festa.

1. ____
2. ____
3. ____
4. ____

5.2 I giorni della settimana

Pratica

Che giorno della settimana è festa? Complete each sentence by indicating the days of the week associated with the following activities or holidays. Use the appropriate form of the definite article when necessary.

1. Gli studenti americani non vanno a scuola ______________________ e ______________________.
2. Il giorno di Thanksgiving è sempre l'ultimo *(last)* ______________________ di novembre.
3. Quest'anno il giorno di Natale *(Christmas)* arriva di *(on)* ______________________.
4. La settimana di uno studente incomincia ______________________ e finisce ______________________.
5. Molti Italiani vanno in chiesa ______________________.

Comprensione

CD 2, TRACK 22

A. Cosa fa Lucia durante la settimana? Listen as Lucia describes what she does on different days of the week. Indicate when she performs each activity by underlining the correct day or days of the week. Each sentence will be repeated twice.

Esempio You hear: Lucia studia il lunedì, il mercoledì e il venerdì.
You underline: <u>lunedì</u>, martedì, <u>mercoledì</u>, giovedì, <u>venerdì</u>, sabato, domenica

1. lunedì, martedì, mercoledì, giovedì, venerdì, sabato, domenica
2. lunedì, martedì, mercoledì, giovedì, venerdì, sabato, domenica
3. lunedì, martedì, mercoledì, giovedì, venerdì, sabato, domenica
4. lunedì, martedì, mercoledì, giovedì, venerdì, sabato, domenica
5. lunedì, martedì, mercoledì, giovedì, venerdì, sabato, domenica
6. lunedì, martedì, mercoledì, giovedì, venerdì, sabato, domenica

CD 2, TRACK 23

B. La settimana di Linda. Linda is a very methodical person and has a specific activity for each day of the week. Use the cue to amplify each sentence. Then repeat the response after the speaker.

Esempio Va in biblioteca. (lunedì)
Il lunedì va in biblioteca.

1. ______________________
2. ______________________
3. ______________________
4. ______________________
5. ______________________
6. ______________________

5.3 Verbi irregolari in *-ere:* il presente

Pratica

A. Usiamo *volere, potere, dovere* e *bere*. Complete each sentence with the correct form of the verb in parentheses.

Esempio (bere) Noi __________ alla tua salute.
*Noi **beviamo** alla tua salute.*

1. (volere) Dove ______________ andare voi sabato sera?
2. (bere) Che cosa ______________ tu quando hai sete?
3. (dovere) Io ______________ scrivere una lettera a mia madre.
4. (potere) Domani noi ______________ fare una passeggiata.
5. (potere) Io non ______________ venire alla tua festa.
6. (bere) Voi ______________ troppo vino.
7. (dovere) Che cosa ______________ fare voi per domani?
8. (volere) Tu ______________ uscire con me sabato sera?
9. (potere) Loro non ______________ studiare oggi.
10. (dovere) Noi ______________ fare un viaggio in Italia.

B. Con *volere, potere* e *dovere* anche la frase cambia! Rewrite each sentence using the verbs in parentheses. Follow the example.

Esempio (dovere) Esco con Carlo stasera.
Devo uscire con Carlo stasera.

1. (volere) Mio padre conosce il mio amico.

____

2. (potere) I miei suoceri non vengono alla festa.

____

3. (dovere) Lucia va in biblioteca.

____

4. (volere) Signora, beve tè o caffè?

____

5. (potere) Voi non capite.

____

6. (dovere) Che cosa fate stasera?

____

C. Cosa devono fare gli studenti. Answer each question using the appropriate form of **dovere** plus the words in parentheses.

Esempio Perché Gino non può partire? (dare un esame)
Perché deve dare un esame.

1. Perché tu non puoi fare un viaggio? (comprare una casa)

____

2. Perché voi non potete studiare il tedesco? (studiare l'italiano)

____

3. Perché non possiamo andare in Italia? (finire gli studi)

____

4. Perché non posso dormire tutto il giorno? (lavorare in casa)

____

5. Perché tuo zio non può venire? (vedere il dottore)

____

Comprensione

CD 2, TRACK 24

A. Il sabato mattina a casa dei signori Rossi. Listen to the statements about what members of the Rossi family are doing on Saturday morning. You will hear each statement twice. Indicate which form of **bere, dovere, potere,** or **volere** you hear in each sentence.

Esempio You hear: Il signor Rossi deve andare al lavoro.
You underline: vuole, deve, può, beve

1. vuole, deve, può, beve
2. vuole, deve, può, beve
3. vuole, deve, può, beve
4. vogliono, devono, possono, bevono
5. vogliono, devono, possono, bevono
6. vogliono, devono, possono, bevono

CD 2, TRACK 25

B. Dobbiamo fare tante cose ma non possiamo e non vogliamo. Listen to the model sentence. Then form a new sentence by substituting the subject given. Repeat each response after the speaker.

1. Esempio Io devo finire il lavoro. (tu)
Tu devi finire il lavoro.

1. ______________________
2. ______________________
3. ______________________
4. ______________________

2. Esempio Io non posso partire. (tu)
Tu non puoi partire.

1. ______________________
2. ______________________
3. ______________________
4. ______________________
5. ______________________

3. Esempio Voglio sentire un concerto. (tu)
Tu vuoi sentire un concerto.

1. ______________________
2. ______________________
3. ______________________
4. ______________________
5. ______________________

5.4 *Sapere* e *conoscere*

Pratica

***Sapere* o *conoscere*?** Complete each sentence with the correct form of **sapere** or **conoscere.**

1. Tu ______________ Marcello Scotti?
2. Noi ______________ Roma molto bene.
3. Lo zio Baldo ______________ raccontare storie divertenti.

Nome ______________________________ Data ______________ Classe ______________

4. Signora Lisi, Lei ____________________ mia madre?

5. Voi ____________________ bene che io sono stanco.

6. I miei genitori non ____________________ ascoltare i miei problemi.

7. Noi non ____________________ quando ritorna nostro padre.

8. Carlo ____________________ la *Divina Commedia.*

9. John non ____________________ parlare italiano.

Comprensione

CD 2, TRACK 26

A. Chi lo sa? Indicate in each sentence what form of **sapere** you hear.

Esempio You hear: Francesco sa nuotare.
You underline: so, sai, <u>sa</u>, sappiamo, sapete, sanno.

1. so, sai, sa, sappiamo, sapete, sanno
2. so, sai, sa, sappiamo, sapete, sanno
3. so, sai, sa, sappiamo, sapete, sanno
4. so, sai, sa, sappiamo, sapete, sanno
5. so, sai, sa, sappiamo, sapete, sanno
6. so, sai, sa, sappiamo, sapete, sanno

CD 2, TRACK 27

B. E tu, sai nuotare? Listen to the model sentence. Then form a new sentence by substituting the subject given as a cue. Repeat each response after the speaker.

Esempio Io non so nuotare. (tu)
Tu non sai nuotare.

1. ______________________________
2. ______________________________
3. ______________________________
4. ______________________________

CD 2, TRACK 28

C. Chi conosce i parenti di Anna? Listen to the model sentence. Then form a new sentence by substituting the subject given as a cue. Repeat each response after the speaker.

Esempio Io conosco i parenti di Anna. (tu)
Tu conosci i parenti di Anna.

1. ______________________________
2. ______________________________
3. ______________________________
4. ______________________________

Attualità

CD 2, TRACK 29

A. Dettato: La settimana di Liliana. Listen as Liliana describes her weekly activities. Her comments will be read the first time at normal speed, a second time more slowly so that you can supply the missing verbs and days of the week, and a third time so that you can check your work. Feel free to repeat the process several times if necessary.

Lunedì ______________ all'università presto perché ______________ andare in biblioteca a studiare per le lezioni del giorno. Nel pomeriggio vedo Nina e ______________ a prendere un gelato.

Martedì vado a trovare la mamma e ______________ le spese. La sera vedo Carlo e ______________ al cinema.

______________ ho lezione di letteratura inglese e di matematica. Nel pomeriggio ______________ studiare ma non ______________ perché desidero vedere gli amici.

______________ devo studiare tutto il giorno! Lucia ______________ e domanda se voglio ______________ al parco ma io non ______________ perché domani ho un esame di matematica e ______________ studiare.

Venerdì ______________ l'esame di matematica, è un osso duro e non ______________ se prendo una A. La sera vedo Carlo e ______________ una birra al bar con gli amici. Sono contenta che domani è sabato perché ______________ dormire.

Sabato mattina non ____________ dormire perché Lucia telefona perché ____________ andare a fare le spese. ____________ al centro commerciale la mattina e nel pomeriggio ____________ una passeggiata al parco.

Domenica mattina ____________ in chiesa con Carlo e nel pomeriggio ____________ un giro in macchina. La sera ____________ a mangiare la pizza con gli amici.

Che bella settimana!

B. Chi vede e cosa fa Liliana questa settimana? After completing Liliana's comments about her week, answer the following questions.

1. Quando va in biblioteca?

____

2. Quando vede Nina? Cosa fanno?

____

3. Quando vede Carlo?

____

4. Quando fa le spese con la mamma?

____

5. Quando beve una birra con gli amici?

____

6. Quando fa una passeggiata al parco? Con chi?

____

7. Quando fa un giro in macchina? Con chi?

____

Domanda personale

Fai anche tu delle attività come Liliana? Quali e in quali giorni?

____

____

Adesso scriviamo *Un(a) compagno(a) di stanza*

You are looking for a roommate. An acquaintance is interested and writes you an e-mail with some questions. You respond with an e-mail describing your weekday habits.

A. To get your e-mail organized, answer the following questions about what you do each day.

1. Dove fai colazione?

____

2. Cosa prendi per colazione?

____

3. Dove vai la mattina?

____

4. Come vai?

____

5. Con chi?

____

6. Dove pranzi?

____

7. Che cosa fai nel pomeriggio?

____

8. Pulisci la casa?

____

9. Finisci i compiti?

____

10. Cosa fai la sera?

____

11. Dove vai?

____

12. Con chi?

____

B. Next, organize your answers in three paragraphs. You may want to start each paragraph along these lines:

1. **La mattina faccio colazione e prendo…**
2. **Il pomeriggio studio in biblioteca e…**
3. **La sera vedo gli amici e andiamo…**

C. Double check your completed e-mail. Make sure you have spelled all words correctly and that you have used the correct forms of the irregular verbs.

Vedute d'Italia *Il CUS (Centro Universitario Sportivo) dell'università di Pisa*

A. Prima di leggere. You are about to read some advertisements and reports of sports events available to students at the university of Pisa. Read first the subtitles and try to anticipate what additional information will be supplied. Then read the passages as a whole to get the full picture and complete the activity that follows.

25-11-2005

Atletica: che stagione per il Cus! Tutti i risultati ottenuti.

PISA. Il Cus Pisa ha successo ai **campionati** *(championships)* toscani di **atletica leggera** (track and field) a Livorno con la splendida **medaglia d'oro** *(gold medal)* di Anna Salvini nel **lancio del disco** *(disk throw)* e con quattro medaglie d'argento nel lancio del disco con la Salvini, nei 200 metri con Alessia Andreotti, negli 800 e 1500 metri con Paola Marinelli.

04-12-2005

Tennis: tanti tornei in arrivo!

PISA. Andiamo forti quest'anno nel tennis. Grazie a Alessandro Baldini e Amanda Baldi, il club tennis ha due trofei al torneo toscano a Pistoia, e un altro **trofeo** *(trophies)* a Bologna con Claudia Puccinelli.

Ecco il programma per la prossima stagione: a febbraio torneo interregionale a Torino; in marzo c'è il torneo regionale a Pisa in preparazione del torneo nazionale di Napoli ad aprile. Buona fortuna a tutti i nostri tennisti!

3-11-2005

Il Rugby ha sempre più successo!

PISA. Buoni risultati per la nostra **squadra** *(team)* di rugby! Medaglia di bronzo al torneo regionale di Lucca e la posizione 10 al torneo interregionale a Milano.

Se volete fare parte della squadra di rugby, l'**iscrizione** *(registration)* è di 30 euro all'anno e la squadra **si allena** *(trains)* il martedì e il giovedì sera. I tornei sono durante il week-end. Abbiamo sempre bisogno di bravi studenti sportivi! **Iscrivetevi!** *(Sign up!)*

04-12-2005

Hockey Pisa: La sezione Hockey programma la prossima stagione sportiva.

PISA. La sezione Hockey presenta il programma per la **prossima** *(next)* stagione sportiva. I **tornei** *(tournament)* del CUS per l'anno 2006 sono: torneo a Firenze nel mese di gennaio; torneo a Siena nel mese di febbraio; torneo toscano nel mese di marzo; torneo europeo in Francia nel mese di aprile; torneo a Roma nel mese di maggio.

B. Alla lettura. Read the four paragraphs a second time and answer the following questions.

1. Quand'è il torneo di hockey a Firenze?

____

2. In che mese è il torneo a Siena?

____

3. Dov'é il torneo europeo di hockey?

____

4. Chi ha la medaglia d'oro in atletica? Ha anche altre medaglie?

____

5. Chi ha successo negli 800 metri in atletica?

____

6. Quanti trofei ha il club tennis?

____

7. Dov'è il torneo interregionale di febbraio?

____

8. Quand'è il torneo nazionale di tennis?

____

9. Come sono i risultati delle nostre squadre di rugby?

____

10. Quanto costa l'iscrizione alla squadra di rugby?

____

11. Quando sono gli allenamenti di rugby?

____

C. Culture a confronto. La tua università offre gli sport dell'università di Pisa? Quale sport preferisci? Perché?

____

____

____

Nome ______________________ Data ______________ Classe ______________

CAPITOLO 6

La famiglia

Punti di vista Una famiglia numerosa

CD 2, TRACK 30

La famiglia di Alessio. Below are the names of some of Alessio Dal Martello's family members. Listen as Alessio describes his family, and take notes about how various family members are related to each other. Then write their names in the family tree in their proper places. You will hear the description twice.

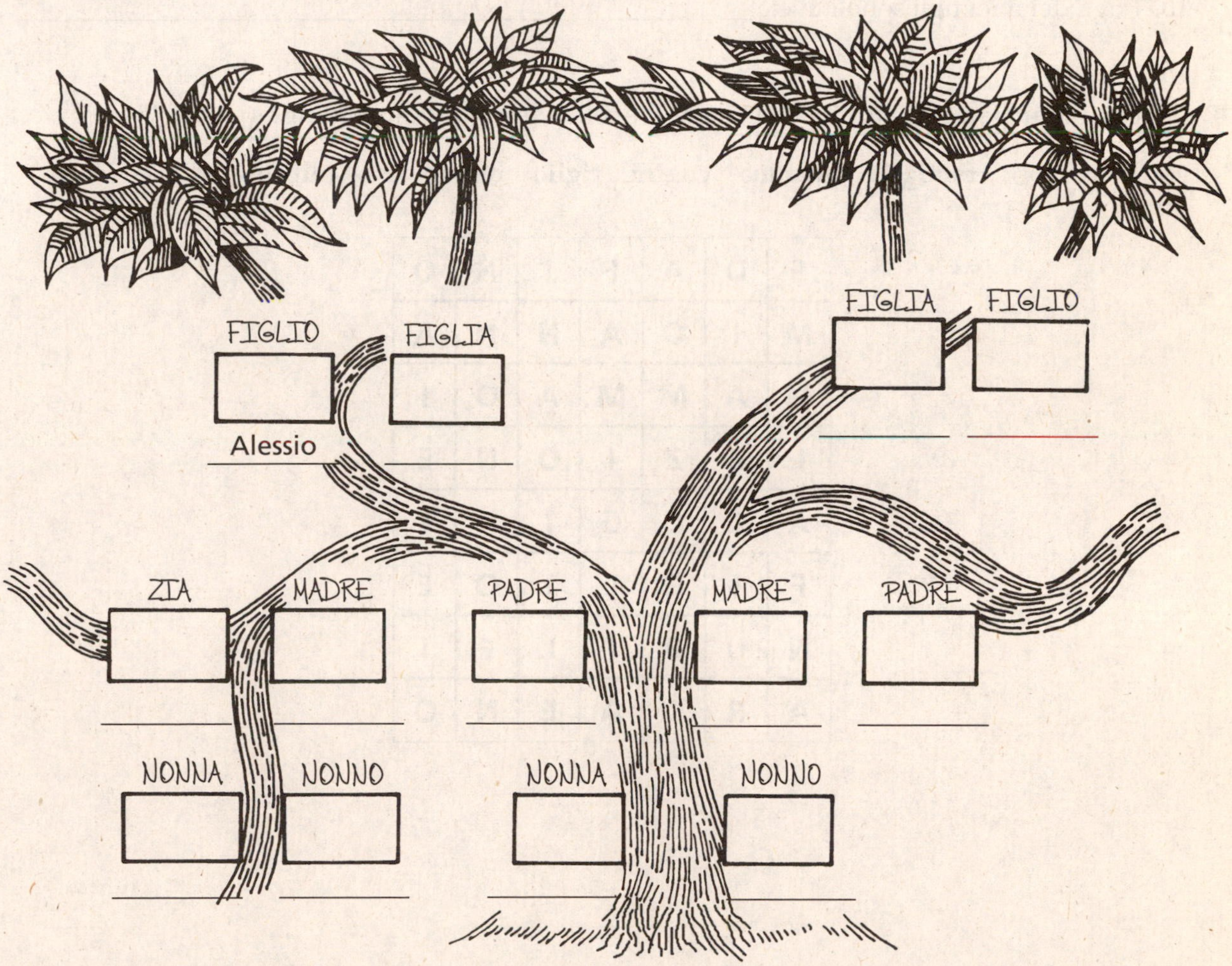

Pietro Dal Martello / Adriana Casarotto / Sergio Dal Martello / Valentina Costantini / Marta Dal Martello / Salviano Costantini / Irene Biagi / Maria Cristina Dal Martello / Simonetta Costantini / Ermanno Arzenton / Valeria Arzenton / Ivo Arzenton

Studio di parole *L'albero genealogico*

A. Chi è? Complete the following sentences with the appropriate family vocabulary.

1. Il padre di mia madre è mio ______________________.

2. La sorella di mia madre è mia ______________________.

3. Il figlio di mia madre è mio ______________________.

4. Il fratello di mio padre è mio ______________________.

5. I figli di mia zia sono i miei ______________________.

6. Le figlie di mia sorella sono le mie ______________________.

7. Il marito di mia sorella è mio ______________________.

8. La moglie di mio figlio è mia ______________________.

9. I genitori di mio marito sono i miei ______________________.

10. I figli dei miei figli sono i miei ______________________.

B. Giochiamo insieme! Can you find where the following words are hiding?

famiglia mamma cugini figlio nonno zio nubile

S	D	A	F	I	N	O
M	I	O	A	N	N	A
M	A	M	M	A	O	I
L	E	Z	I	O	N	E
A	C	U	G	I	N	I
F	I	G	L	I	O	E
N	U	B	I	L	E	I
A	R	I	A	E	N	O

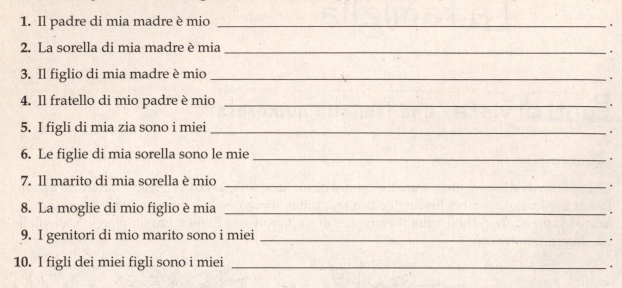

Punti grammaticali

6.1 Aggettivi e pronomi possessivi

Pratica

A. Dove sono le mie cose? Your roommate has cleaned your room. Ask him or her where your things are, using the appropriate form of the possessive adjective **il mio.**

Esempio *Dov'è **il mio** libro?*

1. Dov'è ____________________ penna?
2. Dove sono ____________________ appunti?
3. Dov'è ____________________ quaderno d'italiano?
4. Dove sono ____________________ lettere?

B. Chi portate alla festa? You're giving a party and are telling a friend what the following people are bringing. Use a form of the possessive adjective **il suo.**

Esempio Maria porta ________ amica.
*Maria porta **la sua** amica.*

1. Franco porta ____________________ amici.
2. Gina porta ____________________ compagna di stanza.
3. Leo porta ____________________ compagno di studi.
4. Teresa porta ____________________ sorelle.

C. Ad ognuno il suo! The following people are engaged in different activities. State what they're doing by completing each sentence with the correct form of the possessive adjective.

Esempio Io vendo ________ macchina.
*Io vendo **la mia** macchina.*

1. Noi facciamo ____________________ compiti.
2. Luisa legge ____________________ lettere.
3. Tu ripeti ____________________ domanda.
4. Tu e Maria finite ____________________ compiti.
5. Io vedo ____________________ compagne di classe.
6. Noi puliamo *(our)* ____________________ stanza.

D. L'articolo o no? Complete each sentence with the correct form of the possessive adjective, using the article when necessary.

Esempio Noi vediamo __________ madre.
*Noi vediamo **nostra** madre.*

1. Tu vedi ______________________________ fratello.
2. Gino invita ______________________________ sorelle.
3. Vedi spesso ______________________________ zio?
4. Io porto al parco ______________________________ sorellina.
5. Io do ______________________________ esami domani.
6. Io vedo ______________________________ cugina sabato.

E. Adesso usiamo anche la preposizione! Complete each sentence with the appropriate form of the preposition and possessive adjective.

Esempio Io scrivo sempre __________ amici.
*Io scrivo sempre **ai miei** amici.*

1. Rispondi ______________________________ genitori tu?
2. Loro scrivono ______________________________ professoressa.
3. Noi telefoniamo ______________________________ amici.
4. Voi date un regalo ______________________________ nonni.
5. Io chiedo un favore ______________________________ amico.

F. A chi scrivono? Form a sentence stating to whom the following people are writing.

Esempio Paolo (amico)
Paolo scrive al suo amico.

1. Pinuccia (zia)

____

2. il bambino (nonni)

____

3. il signor Bettini (moglie)

____

4. voi (professoressa)

____

5. io (parenti)

____

6. i nonni (tutti i nipoti)

____

G. E il tuo? Answer each question using the appropriate possessive pronoun and substituting the word in parentheses. Follow the example.

Esempio Mio padre lavora in una banca, e il tuo? (ufficio)
Il mio lavora in un ufficio.

1. Mio fratello va all'università, e il tuo? (liceo)

____

2. La mia macchina è vecchia, e la tua? (nuova)

____

3. I miei professori sono simpatici, e i tuoi? (anche)

____

4. Mia madre è casalinga, e la tua? (impiegata)

____

5. Mio zio lavora in un ospedale, e il tuo? (scuola)

____

Comprensione

CD 2, TRACK 31

A. Nella scrivania del nonno. Alessio is visiting his grandfather Pietro at his house in the country. He is fascinated by his grandfather's office and desk. Listen as Alessio describes his grandfather's favorite room and indicate which of the following forms of the possessive adjective—**suo, sua, sue, suoi**—is used in each statement. You will hear each sentence twice.

Esempio You hear: Ecco la sua penna.
You underline: suo, <u>sua</u>, sue, suoi

1. suo, sua, sue, suoi

2. suo, sua, sue, suoi

3. suo, sua, sue, suoi

4. suo, sua, sue, suoi

5. suo, sua, sue, suoi

6. suo, sua, sue, suoi

CD 2, TRACK 32

B. Dove sono i libri degli studenti? Listen to the model sentence. Then form a new sentence by substituting the cue. Repeat each response after the speaker.

Esempio Dov'è il mio libro? (tuo)
Dov'è il tuo libro?

1. ______________________
2. ______________________
3. ______________________
4. ______________________
5. ______________________

CD 2, TRACK 33

C. Tutti abbiamo un'amica simpatica. Restate each sentence using the verb **essere** and the appropriate possessive adjective. Then repeat the response after the speaker.

Esempio Io ho un'amica simpatica.
La mia amica è simpatica.

1. ______________________
2. ______________________
3. ______________________
4. ______________________
5. ______________________

6.2 Verbi in *-ire* con il suffisso *-isc-*

Pratica

A. Cosa fanno nella famiglia di Marco? Complete each sentence with the appropriate form of the verb.

Esempio Tu finisci presto. Anche Marco __________ presto.
*Tu finisci presto. Anche Marco **finisce** presto.*

1. Io restituisco i libri. Anche loro ______________________.
2. Voi non capite bene. Anch'io non ______________________.
3. Tu costruisci una casa. Anche noi ______________________.
4. Noi finiamo il lavoro. Anche voi ______________________.
5. Maria pulisce la stanza. Anche loro ______________________.

B. Non tutti fanno le stesse cose. Show that there is disagreement between the people below by completing each sentence with the appropriate form of the verb.

Esempio Io finisco i compiti presto, mentre *(while)* il mio compagno ____________ i compiti tardi.
Io finisco i compiti presto, mentre il mio compagno ***finisce*** *i compiti tardi.*

1. Mio padre costruisce una villa al mare, mentre i miei zii ________________ una villa a Como.
2. Io finisco il mio lavoro alle 5.00, mentre i miei fratelli ________________ il loro alle 6.00.
3. Io restituisco i soldi a mia madre, mentre mia sorella ________________ i soldi raramente.
4. Mio padre capisce i miei problemi, mentre io e mio fratello non ________________ i suoi.
5. Io preferisco il golf, mentre il mio amico ________________ il tennis.

Comprensione

CD 2, TRACK 34

A. Cosa fanno gli studenti del tuo corso di italiano? Listen as Laura describes what some of her schoolmates are doing this afternoon. Then indicate which form of one of the following verbs—**capire, preferire, finire, pulire, restituire**—is used in each statement. You will hear each sentence twice.

Esempio: You hear: Carlo finisce i compiti.
You underline: capisce, preferisce, finisce, pulisce, restituisce

1. capiscono, preferiscono, finiscono, puliscono, restituiscono
2. capisci, preferisci, finisci, pulisci, restituisci
3. capiamo, preferiamo, finiamo, puliamo, restituiamo
4. capite, preferite, finite, pulite, restituite
5. capisce, preferisce, finisce, pulisce, restituisce
6. capisco, preferisco, finisco, pulisco, restituisco

CD 2, TRACK 35

B. Oggi tutti non capiscono niente! Listen to the model sentence. Form a new sentence by substituting the subject given. Then repeat the response after the speaker.

Esempio Io non capisco la domanda. (tu)
Tu non capisci la domanda.

1. ____
2. ____
3. ____
4. ____

CD 2, TRACK 36

C. Cosa preferiscono fare i familiari di Piero? Using the cues, state how the following people prefer to spend their time. Then repeat the response after the speaker.

Esempio Tu preferisci viaggiare. (Piero / leggere)
Piero preferisce leggere.

1. ______________________________
2. ______________________________
3. ______________________________
4. ______________________________
5. ______________________________

6.3 Verbi irregolari in *-ire:* il presente

Pratica

A. Con chi escono gli studenti di Parma stasera? Complete each sentence with the correct form of **uscire.**

Esempio Luca __________ con la sua ragazza.
*Luca **esce** con la sua ragazza.*

1. Anna e Marco ______________ con i loro amici.
2. Liliana ______________ con sua sorella.
3. Tu e tua moglie ______________ con i vostri fratelli.
4. Io ______________ con mio marito.
5. Io e mio marito ______________ con i miei genitori.
6. Tu ______________ con tua cugina.

B. Come vengono a scuola in Italia? Complete each sentence with the correct form of **venire.**

Esempio Io __________ in bici.
*Io **vengo** in bici.*

1. Giancarlo ______________ in autobus.
2. Anche Maria e Carla ______________ in autobus.
3. Tu e Lucia ______________ in macchina.
4. Io e Elisabetta ______________ in treno.
5. Tu ______________ a piedi.

C. Che cosa diciamo in queste occasioni? Complete each sentence with the correct form of **dire.**

Esempio Mio padre __________ buon compleanno a mia madre.
Mio padre ***dice*** *buon compleanno a mia madre.*

1. Tu __________________ buon giorno al professore.
2. Anna __________________ arrivederla alla professoressa.
3. Gli studenti __________________ buone vacanze al professore.
4. Io e Carla __________________ buon anniversario ad una nostra amica.
5. Tu e Marco __________________ buona notte alla nonna.

D. Quale verbo? Complete each sentence with the correct form of **venire, uscire,** and **dire.**

Esempio Franco ________ a Maria: buon viaggio!
Franco ***dice*** *a Maria: buon viaggio!*

1. Questa sera alcuni miei parenti ____________________ alla festa.
2. Marta __________________________ a fare la spesa.
3. Che cosa __________________________ noi quando incontriamo un amico?
4. Mio padre __________________________ da Palermo.
5. Tutte le domeniche noi __________________________ per andare al ristorante.
6. Noi __________________________ all'università in macchina.
7. Che cosa __________________________ voi quando un amico parte?
8. Oggi io non __________________________ perchè fa freddo.

Comprensione

CD 2, TRACK 37

A. Il sabato sera a casa della famiglia Rossi. Listen as Marta indicates what the members of her family are doing tonight. Then mark which statements are true and which are false. You will hear Marta's description twice.

Esempio You hear: Finalmente è sabato.
You read: Finalmente è domenica.
You write a checkmark below: ***falso***

	vero	falso
1. La mia famiglia può riposare.	______	______
2. Mio nonno e mia nonna leggono un libro.	______	______
3. I miei genitori vanno al ristorante.	______	______
4. Alessio non esce.	______	______
5. Io preferisco andare a dormire.	______	______
6. Dario viene e ascoltiamo la musica.	______	______

CD 2, TRACK 38

B. Cosa fanno nella famiglia di Marco? Listen to the model sentence. Then form a new sentence by substituting the subject given. Repeat each response after the speaker.

1. Esempio Io dico delle cose interessanti. (tu)
Tu dici delle cose interessanti.

1. ______________________
2. ______________________
3. ______________________
4. ______________________

2. Esempio Io esco tutte le sere. (tu)
Tu esci tutte le sere.

1. ______________________
2. ______________________
3. ______________________
4. ______________________
5. ______________________

3. Esempio Io vengo a vedere la casa. (tu)
Tu vieni a vedere la casa.

1. ______________________
2. ______________________
3. ______________________
4. ______________________
5. ______________________

6.4 I pronomi diretti *lo, la, li, le*

Pratica

Impariamo a non ripetere! Answer the questions replacing the nouns with the pronouns.

Esempio Fai il bagno?
Sì, lo faccio.

1. Scrivi la lettera?

____

2. Pulisci le stanze?

____

3. Restituisci i libri oggi?

____

4. Fate la doccia la mattina o la sera?

____

5. Mandate gli auguri *(wishes)* per il compleanno degli amici?

____

6. Dai gli esami quest'anno?

____

Comprensione

CD 2, TRACK 39

A. Una domenica pomeriggio a casa della zia Maria Cristina. The following short conversations take place at a Sunday afternoon gathering at Aunt Maria Cristina's house. As you listen indicate which direct object pronoun is used in each exchange.

1. lo, la, li, le
2. lo, la, li, le
3. lo, la, li, le
4. lo, la, li, le
5. lo, la, li, le
6. lo, la, li, le

CD 2, TRACK 40

B. Anche noi lo facciamo! Your friend is asking you a few questions. You answer using the correct pronoun. Then repeat the response after the speaker.

Esempio Fai la spesa?
Sì, la faccio.

1. ____
2. ____
3. ____
4. ____

CD 2, TRACK 41

C. E tu, lo fai? Your roommate wants to know if you're doing the following things today. You answer negatively, using the correct pronoun. Then repeat the response after the speaker.

Esempio Compri il giornale oggi?
No, non lo compro oggi.

1. ____
2. ____
3. ____
4. ____

Nome ______________________ Data ______________ Classe ______________

Attualità

Comprensione

CD 2, TRACK 42

A. Dettato: la famiglia di Marco. Listen to the description of Marco's family. It will be read the first time at normal speed, a second time more slowly so that you can supply the missing words, and a third time so that you can check your work. Feel free to repeat the process several times if necessary.

La mia ______________ non è molto numerosa, siamo solo in ______________: mio ______________ Antonio, mia ______________ Maria, mia ______________ Anna ed io. Mio padre è molto ______________ e va spesso a fare giri in bici con gli ______________. Lavora come ______________ per una ditta di computer. Mia madre è ______________ e lavora nello studio di suo padre, mio ____ ______________ Giovanni. Anche il ______________ di mia madre, lo zio Gabriele, è avvocato. Mia madre lavora tanto ma ______________ preparare delle cene squisite. Mia ______________ Anna studia medicina all'università di Padova, è molto ______________ perché è una facoltà ______________. Anna ha molte ______________ e spesso ______________ con loro il sabato sera. Loro ______________ al cinema o a qualche concerto. Io sono un ragazzo ______________, studio lettere a Padova. I miei genitori ______________ che sono diverso dal resto della famiglia perché ______________ la letteratura alla scienza.

CD 2, TRACK 43

B. Una discussione in famiglia. Listen to the following conversation during a Sunday meal at Alessio's grandparents' house. Then answer the questions. You will hear the conversation twice.

1. Cosa prepara la nonna per pranzo?

____

2. Chi prepara il tiramisù?

____

3. Quando fa l'esame di matematica Alessio?

____

4. Alessio vede Sonia nel pomeriggio?

____

5. Chi telefona spesso?

____

6. Chi è nello studio? Perché Alessio li chiama?

______

7. Chi porta i tortellini in tavola?

______

Domanda personale

Tu vedi spesso i tuoi parenti e i tuoi nonni? Pranzate insieme la domenica?

______

______

Adesso scriviamo *La descrizione di un parente (relative)*

One of your assignments for a sociology course you are taking is to write a description [illegible]member of your immediate or extended family. Decide whom you would like to describe and c[illegible]er how you can make your description as complete and as interesting as possible.

A. Answer the following questions to organize your thoughts.

1. Chi è? uno zio, una zia? un cugino, una cugina? Come si chiama?

______

2. Dove abita?

______

3. Quanti anni ha?

______

4. Com'è? (fisicamente e di carattere)

______

5. Ha una moglie/un marito? Ha figli?

______

6. Dove lavora/studia?

______

7. Che cosa fate insieme?

______

8. Perché preferisci questo parente?

______

B. Now organize your answers into three paragraphs. You may want to start each paragraph with a sentence along these lines:

1. **Mio zio Franco è il fratello di...**
2. **Mio zio è molto simpatico...**
3. **Noi facciamo dei giri in bici, andiamo a...**

C. Double check your completed description. Make sure you have spelled all words correctly and that you have used the correct forms of the irregular verbs.

Vedute d'Italia *La famiglia italiana*

A. Prima di leggere. You are about to read a short passage comparing contemporary and traditional Italian families. Focus on the differences and similarities as you read, so that you will be able to summarize them afterward in your own words.

La famiglia italiana è cambiata negli ultimi *(last)* trent'anni. Dalla struttura numerosa tradizionale, con cinque o sei figli, ora si è passati ad una famiglia con uno o due figli. Oggi in Italia tutti e due i genitori generalmente lavorano. Le mogli e madri non lavorano solo in casa ma spesso hanno un lavoro fuori casa.

L'Italia è cambiata da Paese **prevalentemente** *(mostly)* agricolo a Paese industriale, ma esistono ancora **tracce** *(traces)* della famiglia tradizionale: i membri della famiglia mangiano **ancora** *(still)* almeno un pasto insieme al giorno, tutti **seduti** *(seated)* a tavola. Il pranzo o la cena sono un'occasione di dialogo per stare insieme. Spesso uno dei nonni vecchi abita con un figlio. Generalmente i nonni abitano vicino ai loro figli, o almeno nella stessa città.

I membri di una famiglia hanno forti **legami affettivi** *(emotional bonds)* anche se non vivono **più** *(any more)* nella stessa casa come **una volta** *(once)*. Gli Italiani **aiutano** *(help)* i membri della **propria** *(own)* famiglia nel lavoro e nelle difficoltà economiche.

B. Alla lettura. Read the passage one more time, and then summarize the differences and similarities between traditional and contemporary Italian families. In one paragraph discuss how the Italian family has changed in recent decades. In a second paragraph indicate in what ways Italian families still remain rather traditional.

____

____

____

____

____

C. Culture a confronto. Quali delle tradizioni ancora presenti nella famiglia italiana contemporanea preferisci? Esistono queste tradizioni nella tua famiglia o nella famiglia americana?

____

____

____

CAPITOLO 7
Buon viaggio

Punti di vista Alla stazione

CD 3, TRACK 2

Annunci alla stazione dei treni. The Betti family is at the Central Station in Milan, waiting for the train to Rapallo. Listen to the following announcements at the station, which will be repeated twice, then fill in the missing information on the electronic board below. Which announcement should the Betti family pay particular attention to? Why?

Stazione di Milano Centrale – Partenze				
Treno	**destinazione**	**ora**	**ritardo**	**binario**
Intercity	Roma	8.30	________	5
Interregionale	________	8.38	________	________
________	Brescia	________	10 minuti	________
Eurostar	________	8.45	________	________

Studio di parole *Buon viaggio*

A. Gioco di abbinamento. Match the vocabulary and expressions of column A with their correct definitions of column B.

A	B
1. fare il biglietto	a. ________ un viaggio breve
2. annullare	b. ________ cancellare
3. la gita	c. ________ un autobus per turisti
4. all'estero	d. ________ non prendere il treno
5. perdere il treno	e. ________ dove c'è il controllo del passaporto
6. la dogana	f. ________ fuori dal proprio *(own)* Paese
7. il pullman	g. ________ comprare un biglietto

B. In viaggio. Complete the following sentences with the appropriate vocabulary word.

1. Quando un posto non è occupato è ______________________________.
2. Se faccio una crociera viaggio in ______________________________.
3. L'Alitalia è una ______________________________.
4. Per essere sicuro(a) di trovare un posto faccio la ______________________________.
5. Se vado all'estero ho bisogno del ______________________________.
6. Se voglio andare e tornare faccio un biglietto di ______________________________.
7. Se ho bisogno di qualcosa *(something)* in aereo chiamo l'______________________________.

Punti grammaticali

7.1 Il passato prossimo con *avere*

Pratica

A. Cosa hanno fatto oggi gli studenti? Some students are talking about what happened or what they did today. Complete each sentence with the appropriate form of the **passato prossimo** of the verb in parentheses.

1. (ricevere) Io ______________________________ un bel voto in italiano.
2. (finire) Paolo, ______________________________ di studiare psicologia?
3. (dare) E voi, ______________________________ l'esame di matematica?
4. (capire) Loro non ______________________________ bene la spiegazione del professore.
5. (rispondere) Io non ______________________________ a tutte le domande.
6. (dire) Che cosa ______________________________ la professoressa?
7. (fare) ______________________________ colazione tu, stamattina?
8. (studiare) Noi ______________________________ cento pagine di storia.
9. (scrivere) Quante pagine ______________________________ tu?

B. La signora Betti fa molte domande. The Bettis are on their way to Rapallo, and Mrs. Betti is worried about many things. Express this in questions using the **passato prossimo,** as in the example.

Esempio (chiudere/porta)
Hai chiuso la porta?

1. (perdere / scontrino / bagagli)

____

2. (dove / mettere / valigia)

____

3. (comprare / biglietto / andata e ritorno)

____

4. (mostrare / biglietti / controllore)

____

Comprensione

CD 3, TRACK 3

A. Cosa hanno fatto tutti? Listen to the model sentence. Then form a new sentence by substituting the subject given and making all necessary changes. Repeat the response after the speaker.

Esempio Jane ha visto il Colosseo. (tu)
Tu hai visto il Colosseo.

1. ____
2. ____
3. ____
4. ____
5. ____

CD 3, TRACK 4

B. Il sabato sera degli studenti di italiano. Listen as Alberto describes what some of his classmates did last Saturday night. Then, choosing a verb from the list, indicate who did each activity. Each statement will be repeated twice.

ha letto **ha visto** **ha bevuto** **ha mangiato** **ha preso** **ha comprato**

Esempio You read: _____________ una nuova automobile.
You hear: Marina ha comprato una nuova automobile.
You write: *Maria ha comprato…*

1. _______________________ un libro alla nuova libreria.
2. _______________________ un bel film al cinema con la sua ragazza.
3. _______________________ troppa birra al bar con gli amici.
4. _______________________ molto bene al ristorante con suo padre.
5. _______________________ tutta la sera per il suo corso di letteratura inglese.
6. _______________________ l'aereo per Palermo per andare a trovare la nonna.

7.2 Il passato prossimo con *essere*

Pratica

A. Formare domande. Ask questions based on the following statements. The underlined words are the answers to the questions.

Esempio Il treno è partito dal binario 2.
Da quale binario è partito il treno?

1. I miei nonni sono nati a Siena.

 ____

2. L'aereo è partito da Chicago.

 ____

3. La signorina è salita sull'aereo.

 ____

4. Sua moglie è morta l'anno scorso.

 ____

5. Sono ritornati per vedere il loro padre.

 ____

6. Il bambino è sceso dall'albero.

 ____

B. Cosa hanno o non hanno fatto i familiari di Mina? Complete each sentence with the **passato prossimo.**

1. Mina va sempre a scuola in macchina, ma ieri ______________ in autobus.
2. Lucia, sei sempre molto gentile, ma ieri non ______________ gentile con i tuoi amici.
3. Di solito non usciamo la sera, ma ieri sera ______________.
4. Gli zii vengono tutte le domeniche a casa nostra, ma domenica scorsa non ______________.
5. Suo marito ritorna a casa presto, ma venerdì sera ______________ tardi.

C. Il viaggio in aereo a Roma di Jane. Complete the paragraph in the **passato prossimo.**

Jane (comprare) ______________ un biglietto dell'Alitalia e (partire) ______________ da New York, piena d'entusiasmo. In aereo (leggere) ______________ alcune riviste *(magazines)*, (vedere) ______________ un vecchio film, (mangiare) ____________________ delle lasagne, (bere) ____________________ dello spumante Asti.

(Fare) ____________________ anche conversazione in italiano con dei passeggeri di Roma e (imparare) ____________________ molte cose. Poi (cercare) ____________________ di dormire, ma non (potere) ____________________. Il viaggio (essere) ____________________ lungo e Jane (arrivare) ____________________ all'aeroporto Leonardo da Vinci stanca, ma felice. Quando (scendere) ____________________ dall'aereo, (prendere) ____________________ la sua valigia, (chiamare) ____________________ un tassì e (andare) ____________________ all'albergo in Via Veneto.

Comprensione

CD 3, TRACK 5

A. Dove sono andati tutti? Listen to the model sentence. Then form a new sentence by substituting the subject given. Repeat the response after the speaker.

Esempio Io sono andato a Roma. (tu)
Tu sei andato a Roma.

1. ______________________________
2. ______________________________
3. ______________________________
4. ______________________________

CD 3, TRACK 6

B. Quando sono partiti tutti? Listen to the model sentence. Then form a new sentence by substituting the subject given and making any necessary changes. Repeat each response after the speaker.

Esempio Quando è partita Lisa? (Marco)
Quando è partito Marco?

1. ______________________________
2. ______________________________
3. ______________________________
4. ______________________________
5. ______________________________
6. ______________________________

CD 3, TRACK 7

C. Dove sono andati i familiari di Marco? Listen to the following statements describing what each of Marco's family members did last Sunday afternoon, and indicate which verb is used in each statement. You will hear each statement twice.

Esempio You hear: Luca è andato al cinema.
You underline: è andata / è andato / è restato/ è restata

1. sono ritornati / sono andati / sono andato / sono arrivati
2. è uscito / è andata / è restato / è restata
3. è rimasta / è stata / è uscita / è uscito
4. siamo partiti / siamo andati / siamo arrivati / siamo arrivate
5. siete andate / siete partiti / siete partite / siete ritornate
6. sei andato / sei ritornata / sei ritornato / sei arrivato

7.3 L'ora *(Time)*

Pratica

A. Che ore sono? Write out the following times.

Esempio (6:20 P.M.)
Sono le sei e venti di sera.

1. (4:15 A.M.) ____________________
2. (1:00 A.M.) ____________________
3. (12:00 P.M.) ____________________
4. (2:30 P.M.) ____________________
5. (7:55 P.M.) ____________________

B. A che ora? Your parents are asking questions about a friend who's coming to visit for a few days.

Esempio A che ora si sveglia *(wakes up)* Giuseppe? (7:00)
Si sveglia alle sette.

1. A che ora fa colazione? (8:45)

____

2. A che ora esce? (9:15)

____

3. A che ora ritorna per il pranzo? (12:30)

____

4. A che ora va a letto la sera? (11:00)

____

Comprensione

CD 3, TRACK 8

A. Leggiamo l'ora. Read each of the following times, then repeat after the speaker.

Esempio 6:15
Sono le sei e un quarto.

1. 4:20
2. 2:30
3. 12:00 P.M.
4. 3:15
5. 10:45

CD 3, TRACK 9

B. A che ora? In each of the following conversations a time is mentioned, indicate which conversation corresponds to which of the following clocks. Each conversation will be repeated twice.

1. ______

2. ______

3. ______
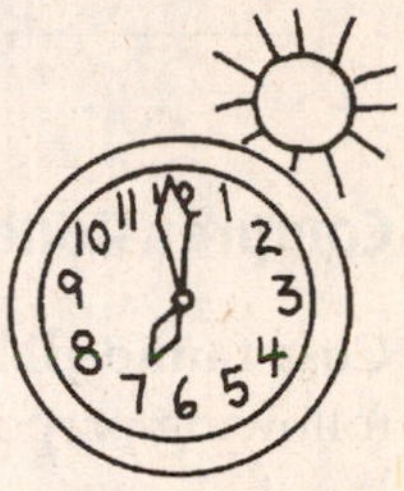

4. ______

5. ______

6. ______

7.4 Usi *di a, in, da* e *per*

Pratica

A. La giornata di Lisa Carter. Complete the following paragraphs with the prepositions **a, in,** and **da,** and the definite article when necessary.

Lisa Carter studia ____________ Italia e vive ____________ Bologna, con gli zii italiani.

Tutte le mattine la zia di Lisa va ____________ mercato ____________ fare la spesa; va sempre ____________ piedi, ma ritorna spesso ____________ autobus.

B. Perché gli amici di Luisa fanno queste cose? Write why the people below are doing certain things by using **per** + infinitive.

Esempio Luisa studia perché desidera imparare.
Studia per imparare.

1. Luigi sta attento perché desidera capire tutto.

   ____

2. Io vendo la FIAT perché desidero comprare una Ferrari.

   ____

3. Carlo va all'università perché desidera prendere una laurea in lingue.

   ____

4. Io e Luisa ritorniamo a casa perché desideriamo mangiare.

   ____

Comprensione

CD 3, TRACK 10

A. Cosa fanno gli studenti di Palermo? Listen to each sentence and indicate which of the following prepositions: **a, in, da, per** is used in each case. Each sentence will be repeated twice.

Esempio You hear: Abitano a Venezia.
You underline: di, <u>a</u>, in, da, per

1. a, in, da, per
2. a, in, da, per
3. a, in, da, per
4. a, in, da, per
5. a, in, da, per
6. a, in, da, per

CD 3, TRACK 11

B. Cosa ha fatto oggi Mariella? Luisa is asking Mariella about her activities. Re-create Mariella's answers, using the cue and following the example. Then repeat the response after the speaker.

Esempio Dove sei stata stamattina? (scuola)
Sono stata a scuola.

1. ______________________________
2. ______________________________
3. ______________________________
4. ______________________________

CD 3, TRACK 12

C. Cosa preferiscono fare i compagni di Bianca? Bianca is asking her classmates about their preferences. Use the cue to re-create each answer. Then repeat after the speaker.

Esempio Preferisci vivere in Italia o in Francia? (Italia)
Preferisco vivere in Italia.

1. ______________________
2. ______________________
3. ______________________
4. ______________________

CD 3, TRACK 13

Attualità

A. Dettato: La luna di miele *(honeymoon)* di Anna e Marco. Listen to the description of Anna and Marco's honeymoon. It will be read the first time at normal speed, a second time more slowly so that you can supply the appropriate forms of the missing verbs in the **passato prossimo,** and a third time so that you can check your work. Feel free to repeat the process several times if necessary.

Anna e Marco ______________ per la loro luna di miele due settimane fa. ______________ in molte città italiane e europee. ______________ le gondole di Venezia e il Duomo di Milano, e ______________ anche ______________ a trovare i parenti che abitano a Torino, così ______________ un vecchio zio, fratello della nonna di Marco. ______________ Torino con lui e ______________ il risotto con i tartufi a casa sua. Poi ______________ il treno per La Spezia e ______________ a Rapallo. ______________ a Rapallo per due giorni, Anna ______________ un libro e Marco ______________ il sole tutto il tempo, ora sono proprio rilassati. ______________ a Torino, da dove ______________ il treno di notte per Parigi, ______________ a Parigi due giorni e poi ______________ a Londra. Anna ______________ molto in inglese e Marco ______________ perché lui non lo parla bene. ______________ a casa in Sicilia in aereo.

Nome ______________________________ Data ______________ Classe ______________

CD 3, TRACK 14

B. Il racconto di Anna. Anna is visiting her grandmother and telling her about her honeymoon. Listen to their conversation and then answer the following questions.

1. Come si chiama il cugino della nonna?
____
2. Dove ha portato Marco?
____
3. Che cosa ha preparato la zia?
____
4. Dove hanno mangiato del pesce buonissimo?
____
5. Che cosa hanno fatto a Venezia?
____
6. Com'è stato il viaggio?
____

Domanda personale

Sei mai stato(a) a Venezia? Sei d'accordo con Anna?

____

Adesso scriviamo *Le tue preferenze di viaggio*

Write a two-paragraph composition about how you like to travel. In your first paragraph, discuss what kind of travel you prefer, what kinds of arrangements you like to make, and with whom you like to travel. In your second paragraph, talk about where you like to go and what you like to do when traveling.

A. Answer the following questions to provide the information you will use in your composition.

1. Come preferisci viaggiare: in treno, in macchina o in aereo? Perché?
____
2. Quando viaggi in aereo, viaggi in prima classe? Perché?
____
3. Preferisci fare viaggi lunghi o brevi?
____
4. Vai in un'agenzia di viaggi o prepari il tuo viaggio da solo(a)?
____
5. Porti molte o poche valigie?
____

6. Viaggi da solo(a) o con amici o con la famiglia?

____

7. Preferisci andare a trovare la famiglia, gli amici o andare a rilassarti?

____

8. Qual è la tua destinazione preferita? Perché?

____

B. Now organize your information into two paragraphs. You might begin your first paragraph with a sentence along these lines:

Preferisco viaggiare in aereo perché così arrivo subito...

C. Double check your completed composition. Make sure you have spelled all words correctly and that you have used the correct forms of the vocabulary and verbs learned in this chapter.

Vedute d'Italia *Un diario di viaggio*

A. Prima di leggere. You are about to read Stephen and Jennifer's travel journal about their backpacking trip to Italy. This excerpt recounts their arrival and visit to the town of Assisi. Before reading the paragraph, find this town on a map of Italy and familiarize yourself briefly with Saint Francis, who is closely associated with Assisi and its basilica. With a little background information, you will find it easier to understand and enjoy the reading.

Partenza

Partenza da New York (ore 16.25) per Francoforte (ore 8.00 del giorno dopo) per poi ripartire (ore 11.00) per Firenze (ore 12.20 ora locale, **cioè** *[that is]* 6 ore in più di New York) Voli con Lufthansa (tutto ok). Dopo un rapido controllo dei passaporti, abbiamo recuperato le valigie. Poi siamo andati a prendere l'autobus che dall'aeroporto porta alla stazione dei treni di Santa Maria Novella di Firenze. Alla stazione abbiamo preso il treno delle 14.30 per Assisi.

Arrivo ad Assisi: l'albergo

Alle otto di sera siamo arrivati al nostro albergo nel centro di Assisi. L'hotel «Il Palazzo» è un edificio del **sedicesimo** *(sixteenth)* secolo è situato in una posizione strategica per chi, come noi, ama girare a piedi. L'hotel è stato completamente ristrutturato (il nostro giudizio: molto buono). In una guida recente ho trovato scritto che non è in condizioni ottimali per lo standard europeo. Non è vero! È veramente **accogliente** *(welcoming)*, pulito, tranquillo. Siamo andati subito a farci un giro per la città, e a vedere la Basilica di San Francesco.

A cena al ristorante

Verso le nove e trenta avevamo fame, così abbiamo deciso di trovare un buon ristorante. L'albergatore ci ha detto di andare alla trattoria Pallotta. Siamo andati e l'abbiamo trovata nel centro storico di Assisi. Abbiamo voluto provare il loro menù di cucina locale. Io ho ordinato i crostini al paté di **fegatini** *(liver)*. Anna invece ha preso i raviolini di ricotta e spinaci. Poi abbiamo mangiato **la lepre** *(hare)* alla cacciatora con le patate arrosto e un'insalata verde. Alla fine abbiamo assaggiato la torta «alla pallotta», buonissima, preparata con le **noci** *(walnuts)*. Abbiamo bevuto del buon vino umbro della casa. Siamo ritornati in albergo verso le 23.30, ma non siamo andati subito a dormire, perche abbiamo fatto il programma per il giorno dopo.

B. Alla lettura. Read the following questions and underline where you find each answer in the above paragraph. Then answer each question in your own words, with a complete sentence.

Partenza

1. A che ora sono partiti da New York?

____

2. In quale città tedesca ha fatto scalo l'aereo?

____

3. In quale città sono atterrati *(landed)*?

____

4. Che cosa hanno recuperato in aeroporto?

____

5. Come sono andati dall'aeroporto alla stazione dei treni di Santa Maria Novella?

____

Arrivo ad Assisi: l'albergo

6. Come si chiama e dove si trova il loro albergo?

____

7. Com'è l'albergo?

____

A cena al ristorante

8. Dove sono andati a cenare? Che cosa hanno ordinato?

____

9. A che ora sono ritornati all'albergo?

____

10. Sono andati a dormire subito? Perché no?

____

C. Culture a confronto. Conosci la storia di San Francesco? Vuoi ricercare nell'Internet che cosa ha fatto questo Santo patrono *(patron saint)* d'Italia e con una frase o due spiegare perché è famoso? La tua città ha un patrono? Desideri avere un patrono come San Francesco? Perché sì, perché no?

____

____

____

Nome ______________________ Data ____________ Classe ____________

CAPITOLO 8

Soldi e tempo

Punti di vista Un viaggio d'affari

CD 3, TRACK 15

Preparare un viaggio d'affari. Lorenzo Briganti works in marketing for Prosciutti Marchioro di Bologna, an Italian meat company. He has to present his company's products to Formaggi Palmieri, a cheese company in Palermo. He has recorded some notes on his iPod about his plans and last errands. Listen to his notes, which you will hear twice, then make a list of seven tasks Lorenzo has to deal with before he leaves (the first one is already written for you).

Promemoria

(Suggerimento: Lorenzo usa cinque verbi chiave)

1. Telefonare all'ingegner Roberti
2. ______________________
3. ______________________
4. ______________________
5. ______________________
6. ______________________
7. ______________________

Studio di parole Soldi e tempo

A. Il gioco degli anagrammi. Cambiate la posizione delle lettere per scoprire le parole.

Esempio LLSOETO
OSTELLO

1. RBELAGO ______________________
2. NESONEPI ______________________
3. REMAAC ______________________
4. TERONAREP ______________________
5. RAMIREF ______________________

B. Andiamo in vacanza. Completate le seguenti frasi con le parole della lista: **camera singola, una camera doppia, noleggiare una macchina, un ostello della gioventù, una pensione, con aria condizionata, un ufficio cambio, mostrare una carta d'identità.**

1. Quando vado in vacanza da solo(a) prenoto una ______________________.
2. Se voglio guidare *(to drive)* devo ______________________.
3. Uno studente giovane prenota una camera in ______________________.
4. Quando vado in vacanza con mia moglie (mio marito) prenoto ______________________.
5. Se sono in Italia e voglio comprare degli euro vado in ______________________.
6. In agosto prenoto una camera ______________________.
7. Se non voglio spendere molti soldi prenoto una camera in ______________________.
8. Per cambiare i soldi in banca devo mostrare ______________________.

Punti grammaticali

8.1 I verbi riflessivi e reciproci

Pratica

A. Franco fa domande sul suo nuovo compagno di stanza. Your brother is moving into an apartment with your friend, Franco, who is asking questions about his habits. Answer each question according to the example.

Esempio Io mi alzo presto, e lui?
Anche lui si alza presto.

1. Io mi diverto la sera, e lui?

____

2. Io mi preparo la colazione, e lui?

____

3. Io mi lavo in venti minuti, e lui?

____

4. Io mi addormento tardi, e lui?

____

B. Che cosa fate tu e Marco? Answer each question as in the example.

Esempio Vi svegliate presto?
Sì, ci svegliamo presto.

1. Vi lavate rapidamente?

____

2. Vi arrabbiate raramente?

____

3. Vi divertite al cinema?

____

4. Vi addormentate presto?

____

C. Cosa fanno le persone nella famiglia di Luigi e Carla? Complete each sentence with the correct form of the reflexive verb in parentheses.

Esempio (divertirsi) Io e Luigi ______________ tutte le sere.
*Io e Luigi **ci divertiamo** tutte le sere.*

1. (alzarsi) I nostri genitori ______________________ tardi.
2. (addormentarsi) ______________________ presto, tu?
3. (riposarsi) Renzo e Lucia ______________________ la domenica.
4. (arrabbiarsi) Il professore non ______________________ mai.
5. (svegliarsi) Mia madre ______________________ tardi.
6. (vestirsi) ______________________ rapidamente, tu?

D. Cosa sperano di fare i nostri conoscenti *(acquaintances)*? A friend is asking you about some people you both know. Begin each answer with **Sperano di...**

Esempio Si divertono i tuoi amici?
Sperano di divertirsi.

1. Si sposano i tuoi cugini?

____

2. Si fermano a Roma i tuoi zii?

____

3. Si preparano per la partenza i tuoi amici?

____

4. Si fidanzano Pino e Lia?

____

E. Che cosa vi fate l'un l'altro? Answer each question in the affirmative, using the reciprocal construction.

Esempio Tu e Pietro vi vedete?
Sì, ci vediamo.

1. Tu e i tuoi cugini vi scrivete?

____

2. Tu e il tuo avvocato vi telefonate?

____

3. Tu e i tuoi amici vi incontrate?

____

4. Tu e i tuoi nonni vi parlate?

____

Comprensione

CD 3, TRACK 16

A. Gli impiegati dell'azienda Marchioro. Listen as the general manager of Prosciutti Marchioro describes the morning routine of his employees. Indicate which reflexive verb he uses in each sentence, which will be repeated twice.

Esempio You hear: La signora Maria si sveglia alle cinque.
You underline: si sveglia, si alza, si prepara, si scusa

1. si sveglia, si alza, si prepara, si scusa
2. si sveglia, si alza, si prepara, si scusa
3. si sveglia, si alza, si prepara, si scusa
4. si sveglia, si alza, si prepara, si scusa
5. si sveglia, si alza, si prepara, si scusa
6. mi sveglio, mi alzo, mi preparo, mi scuso

CD 3, TRACK 17

B. Tu e il tuo amico/la tue amica fate le seguenti cose? Someone is asking if you and your friend do the following things. Answer in the affirmative. Then repeat the response after the speaker.

Esempio Vi divertite alle feste?
Sì, ci divertiamo alle feste.

1. ____
2. ____
3. ____

4. ____________________

5. ____________________

CD 3, TRACK 18

C. E tu (voi) cosa fai (fate)? Ask the question that would elicit each of the following answers. Then repeat after the speaker.

Esempio Io non mi diverto al cinema.
Ti diverti al cinema tu?

1. ____________________
2. ____________________
3. ____________________
4. ____________________

8.2 Il passato prossimo con i verbi riflessivi e reciproci

Pratica

A. Trasformiamo al passato. Change each sentence to the **passato prossimo.**

Esempio Gina si alza presto.
*Gina **si è alzata** presto.*

1. Giovanna si diverte al cinema.

____

2. Noi ci svegliamo presto.

____

3. Teresa e Lucia si annoiano.

____

4. Tu ti arrabbi.

____

5. Io mi riposo.

____

6. Tu e il tuo amico vi vestite bene.

____

B. Hai fatto queste cose? A friend calls and asks if you did the following things. Answer using the reciprocal construction in the **passato prossimo.**

Esempio Hai telefonato a tuo padre?
Sì, ci siamo telefonati.

1. Hai visto la tua ragazza?

   ____

2. Hai incontrato il professore?

   ____

3. Hai scritto a tuo cugino?

   ____

4. Hai parlato a tua madre?

   ____

Comprensione

CD 3, TRACK 19

A. La giornata di Filippo. Listen to the scrambled description of what Filippo did yesterday and match each sentence with the appropriate drawing. Each sentence will be repeated twice.

a. ________
b. ________
c. ________
d. ________
e. ________
f. ________

1.

2.

3.

4.

5.

6.

CD 3, TRACK 20

B. Tutti si sono divertiti alla festa ieri sera. Listen to the model sentence. Then form a new sentence by substituting the subject given. Repeat each response after the speaker.

Esempio Io mi sono divertito ieri sera. (Franca)
Franca si è divertita ieri sera.

1. ______________________
2. ______________________
3. ______________________
4. ______________________
5. ______________________
6. ______________________

CD 3, TRACK 21

C. Formiamo frasi reciproche. Form a complete sentence using the cues and the reciprocal construction in the past tense. Then repeat each response after the speaker.

Esempio (Carlo e Teresa / scriversi)
Carlo e Teresa si sono scritti.

1. ______________________
2. ______________________
3. ______________________
4. ______________________
5. ______________________

8.3 Espressioni di tempo nel passato

Pratica

Quando hai fatto queste cose? Answer each question using the expression of time in parentheses.

Esempio Quando hai visitato Capri? (last year)
Ho visitato Capri l'anno scorso.

1. Quando sei uscito(a)? (last night)

____

2. Quando hai visto i tuoi parenti? (last week)

____

3. Quando hai letto la *Divina Commedia*? (three years ago)

____

4. Quando sei andato(a) all'opera? (last Friday)

____

5. Quando hai comprato la macchina? (two weeks ago)

____

6. Quando hai conosciuto mia sorella? (yesterday)

____

Comprensione

CD 3, TRACK 22

A. Quando è successo *(When did it happen)*? Filippo is late coming home from work and asks Gabriella about the day's news. For each event that she relates, indicate which expression of time is used—**ieri, l'altro giorno, due giorni fa, l'anno scorso.** Each statement will be repeated twice.

Esempio You hear: Il Papa è caduto ieri sera.
You underline: ieri, l'altro giorno, due giorni fa, l'anno scorso

1. ieri, l'altro giorno, due giorni fa, l'anno scorso
2. ieri, l'altro giorno, due giorni fa, l'anno scorso
3. ieri, l'altro giorno, due giorni fa, l'anno scorso
4. ieri, l'altro giorno, due giorni fa, l'anno scorso
5. ieri, l'altro giorno, due giorni fa, l'anno scorso
6. ieri, l'altro giorno, due giorni fa, l'anno scorso

CD 3, TRACK 23

B. Volete fare queste cose? You're asking your friends what they might want to do. They say they have already done these things and tell you when. Use the cue to re-create each of their answers. Then repeat the response after the speaker.

Esempio Volete andare al cinema? (no / ieri sera)
No, siamo andati al cinema ieri sera.

1. ____
2. ____
3. ____
4. ____
5. ____

8.4 Avverbi

Pratica

A. Come fanno queste cose queste persone? Answer each question, substituting the appropriate adverb for the adjective in parentheses.

Esempio Come cammina il turista? (rapido)
Cammina rapidamente.

1. Come canta Pavarotti? (meraviglioso)

____

2. Come spiega il professore? (paziente)

____

3. Come dormono i bambini? (tranquillo)

____

4. Come giocano i ragazzi? (libero)

____

5. Come ascoltano gli studenti? (svogliato *[unwilling]*)

____

6. Come risponde la signorina? (gentile)

____

7. Come funziona il motore? (regolare)

____

B. Aggettivo o avverbio? Complete each sentence with the appropriate form of the adjective or its corresponding adverb.

Esempi 1. Lui parla ______________. (serio)
*Lui parla **seriamente.***

2. La situazione è ______________. (serio)
*La situazione è **seria.***

1. La conferenza è stata ______________________. (interessante)
2. Ho capito ______________________. (perfetto)
3. La nostra partenza è molto ______________________. (probabile)
4. È stato un viaggio ______________________. (speciale)
5. Abbiamo visitato ______________________ le colline toscane. (speciale)
6. Viviamo una vita ______________________. (semplice)

7. Da anni viviamo ______________________. (semplice)
8. La Maserati è una macchina ______________________. (veloce)
9. La macchina corre ______________________. (veloce)

C. La posizione degli avverbi. Answer each question, choosing one of the adverbs in parentheses.

Esempio Ha visitato Bologna? (mai, qualche volta)
Non ho mai visitato Bologna.

1. Quando è uscito(a) di casa stamattina? (presto, tardi)

____

2. Quando parte da Milano? (adesso, dopo)

____

3. Quante volte ha fatto lunghi viaggi? (spesso, raramente)

____

4. Ha viaggiato in treno? (mai, qualche volta)

____

5. Va a scuola in macchina? (sempre, mai, alcune volte)

____

6. È andato(a) all'estero? (spesso, una volta, mai)

____

7. È stato(a) in Italia? (già, non ancora)

____

Comprensione

CD 3, TRACK 24

A. Formiamo gli avverbi dagli aggettivi. Give the adverb corresponding to each of the following adjectives. Then repeat the response after the speaker.

Esempio fortunato
fortunatamente

1. ______________________ 6. ______________________
2. ______________________ 7. ______________________
3. ______________________ 8. ______________________
4. ______________________ 9. ______________________
5. ______________________ 10. ______________________

CD 3, TRACK 25

B. Come abbiamo fatto tante cose. Filippo is telling his friend Carlo about his honeymoon with Gabriella. Listen to his description and write down the adverbs that you hear him use. You will hear the description twice.

____

____

____

CD 3, TRACK 26

C. Come ha fatto le cose Patrizia? Patrizia is talking about herself to some friends. Use the adverb to complete each statement. Be sure to use the adverb in the right place. Then repeat the response.

Esempio Ho pensato a un viaggio in aereo. (sempre)
Ho sempre pensato a un viaggio in aereo.

1. ______________________________
2. ______________________________
3. ______________________________
4. ______________________________
5. ______________________________

CD 3, TRACK 27

Attualità

A. Dettato: La giornata all'università di Michela. Listen to Michela's description of her day. She is a student at the University of Venice, where she studies English and French. Her comments will be read the first time at normal speed, a second time more slowly so that you can supply the missing reflexive verbs and times, and a third time so that you can check your work. Feel free to repeat the process several times if necessary.

Stamattina ______________ alle ______________ perché ho dovuto andare a prendere il treno delle ______________ da Padova per andare all'università Ca' Foscari di Venezia. ______________ una buona colazione di latte e cereali, ______________ una giacca perché alle ______________ fa fresco e sono andata alla stazione in bici alle ______________. Il treno è arrivato puntuale come sempre al terzo binario e siamo arrivati a Venezia alle ______________.

La prima lezione è stata quella di francese e ______________________, poi sono andata alla lezione di letteratura alle ______________________ e ______________________ perché ha sempre parlato il professore. A ______________________, per pranzo, ho incontrato Michele, il mio ragazzo, ______________________ e ______________________ e poi siamo andati alla mensa universitaria. Lì abbiamo incontrato Luisa e Carlo e abbiamo pranzato tutti insieme.

Alle ______________________ io e Luisa siamo andate in biblioteca e Carlo e Michele invece hanno avuto lezione di economia. Alle ______________________ ______________________ tutti alla stazione e abbiamo preso il treno per tornare a Padova. Poi ______________________ e la sera alle ______________________ ______________________.

CD 3, TRACK 28

B. I consigli di un buon padre. Listen as Filippo's father gives him advice about his future, then answer the following questions. His father's comments will be repeated twice.

1. Perché Filippo deve fermarsi?

____

2. In che cosa deve laurearsi?

____

3. Cosa deve fare quando cerca un lavoro?

____

4. Cosa deve fare tutte le mattine?

____

5. Cosa non deve fare al lavoro?

____

6. Cosa deve fare se vuole divertirsi?

____

7. Cosa può fare la sera?

____

Domanda personale

Sei d'accordo con il padre di Filippo? Ci sono altre cose che deve o non deve fare?

____

Nome ______________________ Data ____________ Classe ____________

Adesso scriviamo *La mia giornata*

You are attending a university far from home and the semester has just started. Your best friend from home is a little concerned about you and would like to know what you do during the day. You decide to send her an e-mail describing a typical day.

A. Answer the following questions to help begin to organize your thoughts.

1. A che ora ti alzi?

   ____

2. Ti prepari la colazione? Cosa prendi?

   ____

3. A che ora vai all'università / al lavoro?

   ____

4. Come vai all'università / al lavoro?

   ____

5. Chi incontri?

   ____

6. Di che cosa parlate?

   ____

7. A che ora ritorni a casa?

   ____

8. Che cosa fai per divertirti la sera?

   ____

B. Now organize your responses in a paragraph that presents your day in chronological order, using appropriate time expressions. You may begin like this:

Caro(a) amico (amica), mi alzo...

C. Double check your completed e-mail. Make sure you have spelled all words correctly and that you have used the correct forms of the reflexive verbs and time expressions.

Nome ______________________ Data ____________ Classe ____________

Vedute d'Italia *Il Consiglio d'Europa*

A. Prima di leggere. You are about to read information about the **Consiglio d'Europa** (Council of Europe), the continent's oldest political organization. Although the text focuses on the Council's current role and objectives, you will find it helpful to keep in mind, as you read, the following historical and background information: The Council was founded in 1949. It is Europe's oldest political organization. It was established to promote European unity and awareness of a European identity, to defend human and democratic rights based on the rule of law, and to develop basic continent-wide agreements governing the member countries. Its job and aims have become more complex and wide-reaching over the years, as you will discover.

Il Consiglio d'Europa

Il Consiglio d'Europa è la prima organizzazione politica europea. È un'organizzazione separata dall'Unione Europea, ma tutti i Paesi che partecipavano al Consiglio d'Europa sono diventati membri dell'UE. Il Consiglio d'Europa si è costituito nel 1949, con dieci nazioni. **In seguito** *(later on)*, molti altri Paesi hanno aderito. Nel 1990, dopo la **caduta del muro** *(fall of the wall)* di Berlino, altri Paesi hanno chiesto di partecipare. Oggi 46 Paesi fanno parte del Consiglio d'Europa. La **sede** *(headquarters)* del Consiglio è in Francia, nella città di Strasburgo.

Alcuni degli **obiettivi** *(objectives)* del Consiglio d'Europa sono:

- proteggere i diritti dell'uomo e della democrazia pluralista;
- affermare l'identità e la diversità culturale dei Paesi europei;
- identificare e risolvere i problemi che le società di oggi hanno in comune: la xenofobia, le **tossicodipendenze** *(drug additions)*, i problemi delle **minoranze** *(minorities)*, i problemi ecologici, ed altri problemi;
- promuovere le riforme politiche che garantiscono la stabilità dei Paesi europei.

Il Consiglio d'Europa **si occupa** *(deals)* dei problemi più rilevanti della società europea, come, per esempio, dei problemi della **sanità** *(health)*, dell'**infanzia** *(childhood)*, della scuola, eccetera.

Gli Stati membri finanziano il Consiglio d'Europa. Il comitato dei Ministri prende le decisioni, il Segretario Generale controlla le attività. Le lingue ufficiali sono l'inglese e il francese.

Based on: http://europa.eu.int/scadplus/leg/it/lvb/l33021.htm

B. Alla lettura

1. Read the objectives of the European Council one more time and write a few sentences to summarize the main points.

____

____

____

____

____

2. Now answer the following questions:

a. Dov'è la sede del Consiglio d'Europa?

____

b. Chi controlla le attività?

____

c. Chi finanzia il Consiglio?

____

d. Quali sono le lingue ufficiali?

____

____

C. **Culture a confronto.** Sei sorpreso(a) dagli obiettivi del Consiglio? Quale preferisci e perché?

____

____

____

____

CAPITOLO 9

Mezzi di diffusione

Punti di vista Una serata alla TV

CD 3, TRACK 29

Annunci alla TV. You are visiting a friend in Italy and have decided to stay home this evening and watch TV. Listen to the announcements about program options, then decide which one you would most enjoy watching and explain why. You will hear each announcement twice.

1. Quale programma preferisci?

_______ **a.** Rai Uno

_______ **b.** Canale 5

_______ **c.** La 7

_______ **d.** Rete Quattro

_______ **e.** Rai Tre

Spiega le ragione della tua scelta in una o due frasi.

____

____

____

Studio di parole

A. Gioco di abbinamento. Match the words on list A with their correct definitions on list B.

A *Stampa, televisione, cinema*

1. ________ lo scrittore/la scrittrice

2. ________ il (la) giornalista

3. ________ il telegiornale

4. ________ il romanzo rosa

5. ________ il romanzo giallo

6. ________ la trama

7. ________ il (la) regista

8. ________ l'attore/l'attrice

B

a. Una persona che scrive articoli per un giornale o una rivista

b. Un racconto lungo che tratta di una storia d'amore.

c. La storia di un racconto o di un film.

d. La persona che interpreta un personaggio in un film.

e. La persona che dirige un film.

f. La persona che scrive racconti o romanzi.

g. Un racconto che tratta di un mistero.

h. Un programma televisivo con le notizie.

Nome ______________________ Data ____________ Classe ____________

B. Alla TV. Complete the sentences with the correct vocabulary expression.

1. Se voglio vedere una videocassetta ho bisogno del ____________________.
2. Un romanzo alla televisione si chiama ____________________.
3. Per cambiare canale uso il ____________________.
4. Se voglio ascoltare le notizie guardo il ____________________.
5. La persona che presenta le notizie si chiama l' ____________________.
6. Un programma per bambini è un ____________________.
7. Se non mi piace un programma cambio ____________________.
8. Quando ho finito di guardare devo spegnere il ____________________.

Punti grammaticali

9.1 L'imperfetto

Pratica

A. Cosa facevamo anni fa? Answer the following questions, using each subject in parentheses and changing the verb form accordingly.

1. Chi diceva bugie? (Pinocchio, i bambini, anche tu)

____

____

2. Chi faceva sempre viaggi? (tu, io, i due senatori, noi)

____

____

3. Chi era stanco di ascoltare? (la gente, noi, anche voi)

____

____

4. Chi non beveva vino? (tu, i miei nonni, anch'io)

____

____

Nome ______________________ Data ______________ Classe ______________

B. Una volta le cose funzionavano diversamente. Contradict the following statements, beginning each sentence with **Una volta** and changing the verb to the imperfetto.

Esempio I treni arrivano in ritardo.
Una volta i treni non arrivavano in ritardo.

1. I libri costano tanto.

____

2. Ci sono molti canali alla TV.

____

3. Ci sono tanti gruppi politici.

____

4. I bambini sono maleducati (rude).

____

5. I bambini guardano la TV per troppe ore.

____

C. La mattina di Lucio. Lucio is describing to a friend how things were this morning when he went out. Change each sentence to the imperfect tense.

1. Sono le otto.

____

2. È nuvoloso e fa freddo.

____

3. La gente ha l'ombrello e cammina frettolosamente *(hurriedly)*.

____

4. Gli autobus sono affollati.

____

5. I bambini vanno a scuola.

____

Nome ______________________ Data ____________ Classe ____________

Comprensione

CD 3, TRACK 30

A. Cosa faceva la nonna di Marta? Listen to Marta's grandmother as she describes what she used to do when she was younger, then indicate which of the following statements are true **(vero)** and which are false **(falso).** You will hear the description twice.

	vero	**falso**
1. Andava a scuola in autobus.	______	______
2. Prendeva latte e pane per colazione.	______	______
3. A pranzo tornava a casa.	______	______
4. Pranzava con i compagni.	______	______
5. Mangiavano la carne e il pesce.	______	______
6. Giocavano un po' nel cortile della chiesa.	______	______
7. Faceva i compiti da sola.	______	______
8. C'era un tutore.	______	______
9. Prendeva il tè alle cinque.	______	______
10. Guardava la televisione.	______	______
11. Studiava o aiutava la mamma prima di cena.	______	______
12. Abitava solo con i suoi genitori.	______	______
13. Tutta la famiglia abitava nella stessa grande casa.	______	______

CD 3, TRACK 31

B. Ripetiamo con un soggetto diverso. Listen to the model sentence. Then form a new sentence by substituting the noun or pronoun given and making all necessary changes. Repeat each response after the speaker.

Esempio Quando io avevo dieci anni, preferivo giocare. (tu)
Quando tu avevi dieci anni, preferivi giocare.

1. ____

2. ____

3. ____

4. ____

Nome ______________________ Data ______________ Classe ______________

CD 3, TRACK 32

C. Com'era la vita quando il padre di Antonio era bambino. Antonio's father constantly reminds his children of how life was when he was young. Re-create his statements by changing the verb of each sentence to the imperfect tense. Then repeat the response after the speaker.

Esempio Mio padre ha sempre ragione.
Mio padre aveva sempre ragione.

1. ______________________________

2. ______________________________

3. ______________________________

4. ______________________________

5. ______________________________

6. ______________________________

9.2 Contrasto tra imperfetto e passato prossimo

Pratica

A. Una volta *(once)* o sempre? Change each sentence to the **imperfetto** or **passato prossimo** according to the expression in parentheses.

Esempio Piove. (tutti i giorni)
Pioveva tutti i giorni.

1. Prendo l'autobus. (di solito)

____

2. Il papà ci racconta una favola. (ogni sera)

____

3. Prendiamo l'autobus. (sempre)

____

4. Si arrabbia con noi. (stamattina)

____

5. Ci vediamo. (il 23 aprile)

____

6. Ritornano presto. (ogni giorno)

____

7. Ritornano tardi. (qualche volta)

____

8. Andiamo al cinema. (il sabato)

____

9. Andiamo a una riunione politica. (sabato scorso)

____

10. Uscite. (ieri sera)

____

B. Sono andato o andavo? Complete each sentence in the **imperfetto** or the **passato prossimo** according to the meaning.

1. Ieri sera io (andare) ______________ a teatro; (esserci) ______________ molta gente.
2. Quando Paolo (ritornare) ______________ dagli Stati Uniti, i suoi genitori lo (aspettare) ______________ all'aeroporto.
3. Quando noi (arrivare) ______________ dai Morandi, i bambini (giocare) ______________, mentre lui e lei (leggere) ______________ delle riviste.
4. Ieri sera noi (leggere) ______________ dalle nove a mezzanotte; poi (andare) ______________ a letto.
5. Tutte le estati la famiglia (passare) ______________ un mese di vacanza in montagna.

C. Perché hanno fatto queste cose? Form complete sentences stating the reasons for the actions of the following people.

Esempio (Dino/vendere la macchina/avere bisogno di soldi)
Dino ha venduto la macchina perché aveva bisogno di soldi.

1. (Maria/mettersi un golf/avere freddo)

____

2. (io/restare a casa/non stare bene)

____

3. (tu/vestirsi in fretta/essere tardi)

____

4. (i signori Brunetto/cenare prima del solito/aspettare gli amici)

____

5. (noi/fermarsi/esserci molta gente sul marciapiede)

____

6. (Pietro / prendere l'impermeabile / nevicare)

____

D. Perché non hai fatto queste cose? Complete each answer according to the example.

Esempio Hai comprato la frutta?
Volevo comprare la frutta, ma non era bella.

1. Hai scritto il riassunto?

______________________________, ma non stavo bene.

2. Hai comprato i giornali?

______________________________, ma l'edicola era chiusa.

3. Hai lavato i piatti?

______________________________, ma la lavastoviglie non funzionava.

4. Hai telefonato a Mirella?

______________________________, ma il telefono era sempre occupato.

5. Hai parlato a tuo padre?

______________________________, ma non era a casa.

6. Hai spento la TV?

______________________________, ma mi sono dimenticato(a).

E. Sapere e conoscere al passato. Answer each question by using the cue in parentheses and either the **passato prossimo** or the **imperfetto** of **sapere** or **conoscere** according to the meaning.

Esempio Sapevi che Luisa era a Roma? (no)
No, non lo sapevo.

1. Sapevi che Gabriella era sposata? (sì)

____

2. Sapevi che l'esame d'italiano era oggi? (no, un'ora fa)

____

3. Sapevi che dovevi preparare un discorso? (no, qualche minuto fa)

____

4. Conoscevi la figlia del professore di storia? (no)

____

5. Conoscevi il fratello di Piero? (sì, a una festa l'altra sera)

____

Nome ______________________________ Data ______________ Classe ______________

Comprensione

CD 3, TRACK 33

A. Imperfetto o passato prossimo? Listen as Marta's Grandmother reminisces about her youth. Concentrate on her use of the past tenses and indicate which tense—**imperfetto, passato prossimo**—is used in each sentence. East statement will be repeated twice.

Esempio You hear: Quando gli americani sono arrivati sulla luna, il Presidente ha parlato in Parlamento per trenta minuti.
You underline: imperfetto, passato prossimo

1. imperfetto, passato prossimo
2. imperfetto, passato prossimo
3. imperfetto, passato prossimo
4. imperfetto, passato prossimo
5. imperfetto, passato prossimo
6. imperfetto, passato prossimo

CD 3, TRACK 34

B. Cambiamo le frasi dall'imperfetto al passato prossimo. Change each sentence to the **passato prossimo** as in the example. Then repeat the response after the speaker.

Esempio Di solito votavo per i repubblicani.
Anche ieri ho votato per i repubblicani.

1. ______________________________
2. ______________________________
3. ______________________________
4. ______________________________

CD 3, TRACK 35

C. Cosa ti ha detto il tuo amico americano? During your stay in Italy you met an American student. Now you're telling a friend what he told you about himself. Use the cue to form each sentence. Then repeat the response after the speaker.

Esempio Mi ha detto che lavorava in un bar. (vivere con amici)
Mi ha detto che viveva con amici.

1. ______________________________
2. ______________________________
3. ______________________________
4. ______________________________
5. ______________________________

9.3 Da quanto tempo? Da quando?

Pratica

A. ***Da quanto tempo* o *Da quando*?** Write the question that would elicit each answer, using **Da quanto tempo** or **Da quando** accordingly.

Esempio Sono a Bologna dal mese scorso.
Da quando sei a Bologna?

1. Sono sposato da una settimana.
____
2. Lavoro dal mese di ottobre.
____
3. Nino suona la chitarra da anni.
____
4. Conosco Marisa da diversi mesi.
____
5. Viviamo in Via Garibaldi dall'anno scorso.
____
6. Gianna e Paolo escono insieme da un mese.
____

B. Un tuo amico italiano vuole conoscere la tua vita di studente al liceo. An Italian high school student is interviewing you about your high school years. Answer each question in a complete sentence, using a time expression or the negation **non... ancora.**

Esempio Da quanto tempo avevi la macchina?
L'avevo da pochi mesi. or Non l'avevo ancora.

1. Da quanto tempo frequentavi la scuola secondaria?
____
2. Da quanto tempo uscivi solo(a) la sera?
____
3. Da quanto tempo sapevi ballare?
____
4. Da quanto tempo avevi il ragazzo (la ragazza)?
____

5. Da quanto tempo lavoravi?

____

6. Da quanto tempo studiavi una lingua straniera?

____

Comprensione

CD 3, TRACK 36

A. Gli studenti di italiano fanno queste cose da tanto tempo. Listen as a professor lists what various students in her class have been doing for some time. Complete each sentence by indicating who has been doing what and for how long. Each statement will be repeated twice.

Esempio You read: ________ il piano da __________.
You hear: Marco suona il piano da cinque anni.
You write: *Marco suona il piano da cinque anni.*

1. ____________________ l'università da ____________________.
2. ____________________ a basket da ____________________.
3. ____________________ sciare da ____________________.
4. ____________________ l'italiano da ____________________.
5. ____________________ francese dal ____________________.
6. ____________________ negli Stati Uniti dal ____________________.

CD 3, TRACK 37

B. Da quanto tempo fai queste cose? Liliana is asking you how long you've been doing different things. Use the cues to answer her. Then repeat the response after the speaker.

Esempio Da quanto tempo fai medicina? (un anno)
Faccio medicina da un anno.

1. ____
2. ____
3. ____
4. ____

CD 3, TRACK 38

C. Da quando fate queste cose? Antonio is asking some friends since when they have been doing different things. Use the cue to re-create each answer. Then repeat the response after the speaker.

Esempio Da quando siete qui? (stamattina)
Siamo qui da stamattina.

1. ____
2. ____

3. ______________________

4. ______________________

9.4 Il trapassato prossimo

Pratica

A. Che cosa era successo prima delle elezioni? Answer each question, using the cue in parentheses and the **trapassato prossimo.**

1. Perché il candidato era scontento? (perdere le elezioni)

____

2. Perché il Primo Ministro era stanco? (avere troppe riunioni)

____

3. Perché i due studenti festeggiavano con spumante? (laurearsi)

____

4. Perché voi avevate sonno? (andare a letto tardi)

____

5. Perché la signora era felice? (ritornare dall'ospedale)

____

6. Perché la gente rideva? (sentire una barzelletta *[joke]*)

____

B. Cosa ti ha detto che era successo prima delle elezioni? Restate what a friend told you about his or her first experience at the voting polls. Start each sentence with **Mi ha detto che,** followed by the **trapassato prossimo.** Make all the necessary changes.

Esempio Ho visto poca gente per la strada.
Mi ha detto che aveva visto poca gente per la strada.

1. Ho cercato la casa.

____

2. Sono entrato(a) nel garage.

____

3. Ho perso il portafoglio.

____

4. Ho comprato un videoregistratore.

____

5. Ho ascoltato le notizie alla TV.

____

6. Ho visto un film di fantascienza.

____

Comprensione

CD 3, TRACK 39

A. Tutti avevano fatto le stesse cose. Listen to the model sentence. Then form a new sentence by substituting the subject given and making all necessary changes. Repeat each response after the speaker.

Esempio Io non avevo capito bene. (Carlo)
Carlo non aveva capito bene.

1. ____
2. ____
3. ____
4. ____
5. ____

CD 3, TRACK 40

B. Tutti avevano già mangiato. The following people didn't eat because they had already done so. Re-create their statements by substituting the subject given and making all necessary changes. Repeat each response after the speaker.

Esempio Io non ho mangiato perché avevo già mangiato. (noi)
Noi non abbiamo mangiato perché avevamo già mangiato.

1. ____
2. ____
3. ____
4. ____

CD 3, TRACK 41

Attualità

A. Dettato: Leggiamo «Io ho paura». Listen to the description of a short contemporary Italian novel. It will be read the first time at normal speed; a second time more slowly so that you can supply the missing words, including verbs in the **passato prossimo, trapassato prossimo,** and **imperfetto;** and a third time so that you can check your work. Feel free to repeat the process several times if necessary.

Il ______________________ racconta la storia di un bambino di undici anni: Michele Perotto.

Michele ______________________ con i suoi amici sulla collina un po' lontano dal loro paese piccolissimo di Pojana. I bambini ______________________ una competizione, ______________________ correre su per la collina fino al punto più alto. Michele ______________________ ultimo perché sua sorella Maria ______________________ e lui ______________________ ad aiutarla. Quando ______________________ sulla collina ______________________ una casa molto vecchia. Michele ______________________ nella casa e quando ______________________ dall'altra parte, ______________________ un buco *(hole)* dove ______________________ un bambino nascosto. Michele non l'______________________ agli altri bambini.

Mentre ______________________ a casa Michele ______________________ preoccupato perché ______________________ tardi e ______________________ che la mamma probabilmente ______________________ arrabbiata, ______________________ già ______________________ l'ora del pranzo.

Quando Michele ______________________ il bambino nel buco ______________________ la sua avventura, fino a quando scopre tutta la verità alla fine della storia.

Story based on the novel «Io non ho paura» written by Niccolò Ammaniti.

CD 3, TRACK 42

B. Il dialogo tra Michele e suo padre. Michele's father has just found out that Michele knows about the child hidden on the hill. The father has decided to talk to Michele in his room. Listen to the dialogue repeated twice and then complete the following activity.

1. Perché il padre vuole parlare con Michele?

____

2. É vero che Michele non ha fatto niente oggi?

____

3. Chi ha detto al padre che Michele è andato sulla collina?

____

4. Che cosa ha detto Michele al bambino?

____

5. Perché il padre è arrabbiato?

____

6. Da quanto tempo va Michele sulla collina? Con chi? Quante volte è andato?

____

____

7. Che cosa promette al padre?

____

Domanda personale

Desideri leggere questo romanzo contemporaneo? Perché sì, perché no?

____

____

Adesso scriviamo *La mia storia personale*

You have to write a paper about your childhood for your Human Growth and Development psychology course.

A. Answer the following questions with complete sentences to organize your ideas.

1. Come andavi a scuola?

____

2. Con chi giocavi?

____

3. A che cosa giocavate?

____

4. Che programmi guardavi alla TV?

____

5. Che cosa mangiavi?

____

6. Che cosa leggevi?

____

7. Cosa facevi la domenica?

____

8. Cosa volevi diventare?

____

B. Now organize your homework in three paragraphs using your answers to the above questions. You may begin each paragraph along these lines:

1. **Quand'ero bambino(a) andavo a scuola in bicicletta...**
2. **Alla TV guardavo i cartoni, il mio preferito si chiamava...**
3. **La domenica andavo sempre dai nonni con i miei genitori... e da grande volevo diventare un astronauta.**

C. Double check your completed paper. Make sure you have spelled all words correctly and that you have used the correct forms of the imperfetto.

Vedute d'Italia *Cinque festival del cinema*

A. Prima di leggere. You are about to read reviewers' comments about five major film festivals that take place in Italy or at which Italians are represented. Before you read, to get an overview of the content, simply look at the names of the four festivals. Are you familiar with any of these festivals already? What do you think is the focus of each festival? Why do you think one of the festivals has an English rather than an Italian name?

Far East film festival

Il Far East film festival, alla sua **settima** *(seventh)* edizione, ci presenta il cinema d'Oriente: film presentati dalla Cina, Hong Kong, Corea del Sud, Giappone, Thailandia, Taiwan, e da altri paesi asiatici. Oltre ai film ci sono le discussioni, alcune dedicate ai maestri della fotografia. Uno di questi è Fujita Toshiya, che è presente al festival con il suo film «Lady Snowblood». Il Far East film festival ha la **durata** *(length)* di una settimana.

Future film festival

Al Future film festival, a Bologna, abbiamo visto delle belle **anteprime** *(previews)*, e abbiamo rivisto dei film che erano **già** *(already)* stati presentati con successo a Venezia. Il film «Gaya», una delle anteprime, è un film di animazione, ed è una coproduzione di alcuni paesi europei. Si prevede che avrà un successo simile a quello del film di produzione americana, «Shrek».

Cannes 2005: L'Italia è presente con un film

Al Festival di Cannes 2005 l'Italia partecipa con il film «Quando sei nato non puoi più **nasconderti** *(hide yourself)*». È un film di Marco Tullio Giordana che è in competizione con registi di fama internazionale. Aspettiamo con impazienza di conoscere il **vincitore** *(winner)*.

Mostra internazionale del nuovo cinema di Pesaro

La **mostra** *(show)* internazionale del nuovo cinema di Pesaro è al suo **quarantesimo** *(fortieth)* anno. È in questa piccola città di mare, nelle Marche, che dal 25 giugno al 3 luglio si vedono nuovi film e nuovi registi.

Il Festival Internazionale del Film di Locarno

Il Festival di Locarno è alla sua **58ª** *(58th)* edizione. Gli appassionati del cinema, **piuttosto delusi** *(rather disappointed)* dai film proiettati durante l'estate, aspettano con anticipazione il Festival di Locarno, che **ha luogo** *(takes place)* ogni anno dal 3 al 13 agosto. Quest'anno il festival è dedicato a tre maestri: Wim Wenders, Abba Kirostami, e Orson Welles.

B. Alla lettura. Read the descriptions of the festivals one more time and underline where you can find the answers to the following questions. Then answer each question in your own words.

1. A che edizione è il Far East film festival?

   ____

2. Perché si chiama «Far East film festival»?

   ____

3. In quale città è il Future film festival? Che cosa vediamo?

   ____

4. Che tipo di film è «Gaya»? È un film di produzione americana?

   ____

5. Quale film italiano fa parte del festival di Cannes?

   ____

6. Da quanto tempo si vedono film a Pesaro?

   ____

7. Perché il festival di Locarno è definito un appuntamento stabile?

   ____

8. A chi è dedicato il festival di Locarno quest'anno?

   ____

C. Culture a confronto. Quale di questi festival preferisci e perché? Conosci dei festival del cinema simili nel tuo paese?

____

____

CAPITOLO 10

La moda

Punti di vista *Che vestiti metto in valigia?*

CD 4, TRACK 2

Dove e cosa compriamo? Listen to three conversations in which people are talking about their shopping trips. Identify the store the person went to **(il negozio di articoli sportivi, il negozio di scarpe, il negozio di abbigliamento)** and indicate what he or she bought. You will hear each conversation twice.

Esempio You hear: – Ciao Marta, dove sei stata?
– Ciao Marianna, sono stata a fare spese con la mia mamma.
– Che bello! E cosa avete comprato?
– Ho trovato un bel vestito azzurro per il matrimonio di mio fratello, sono così contenta!

You write: Negozio: *il negozio di abbigliamento*
Articolo: *un vestito azzurro*

1. Negozio: ______________________
   Articolo: ______________________
2. Negozio: ______________________
   Articolo: ______________________
3. Negozio: ______________________
   Articolo: ______________________

Studio di parole *La moda*

A. Cosa ci mettiamo? Write at least four clothing items for each category.

1. Estate *(Summer):*

____

____

2. Inverno *(Winter):*

____

____

3. Accessori

____

____

B. Un abito per ogni occasione. Answer the following questions with complete sentences.

1. Cosa ti metti quando hai caldo?

____

2. Cosa ti metti quando piove?

____

3. Cosa ti metti per andare a teatro?

____

4. Cosa ti metti per andare in palestra *(gym)*?

____

5. Cosa ti metti per andare a una festa con amici?

____

6. Cosa ti metti quando hai freddo?

____

Punti grammaticali

10.1 L'imperativo

Pratica

A. Tu inviti i tuoi amici. Invite your friends to do the following things with you.

Esempio (andare al cinema)
Andiamo al cinema!

1. (fare colazione)

____

2. (ascoltare dei dischi)

____

3. (prendere un aperitivo)

____

4. (giocare a tennis)

____

B. Rispondi con un comando ad un amico/un'amica. Give the **tu** form of the imperative in response to the following questions.

Esempio Posso venire domani?
Vieni!

1. Posso uscire? ______________________
2. Posso entrare? ______________________
3. Posso spedire la lettera? ______________________
4. Posso parlare? ______________________
5. Posso partire stasera? ______________________

C. Dai! Non fare sempre così! Invite your friend to do the opposite of what he or she is doing.

Esempio Ha fretta.
Non avere fretta!

1. Compra troppi vestiti.

____

2. È sempre in ritardo.

____

3. Sta a letto quando piove.

____

4. Promette cose che non può mantenere *(to keep).*

____

5. Dice troppe bugie *(lies).*

____

6. Porta troppe valigie quando viaggia.

____

D. Invita i tuoi fratellini a non fare queste cose. Invite your younger brothers to do the opposite of what they're doing.

Esempio Leggono le tue lettere.
Non leggete le mie lettere!

1. Usano la tua carta da lettere *(stationery).*

____

2. Fanno troppo rumore *(noise).*

____

3. Giocano nella tua stanza.

____

4. Mettono i vestiti nuovi quando vanno al parco.

____

5. Dimenticano di mettersi il golf quando fa freddo.

____

E. Siamo gentili! Give the formal imperative of each verb.

Esempio (partire)
Parta!

1. (provare questo vestito) ______________________________
2. (non partire oggi) ______________________________
3. (prendere una misura più grande) ______________________________
4. (non andare in quel negozio) ______________________________
5. (fare attenzione) ______________________________
6. (avere pazienza) ______________________________
7. (venire alla sfilata di moda) ______________________________
8. (non essere in ritardo) ______________________________
9. (dare la carta di credito alla commessa) ______________________________
10. (pagare alla cassa) ______________________________

Comprensione

CD 4, TRACK 3

A. Formale o informale? Listen to the following requests and indicate whether each is formal or informal. You will hear each request twice.

Esempio You hear: Prendi l'autobus!
You underline: formal, <u>informal</u>

1. formal, informal
2. formal, informal
3. formal, informal
4. formal, informal
5. formal, informal
6. formal, informal

CD 4, TRACK 4

B. Invita gli amici a fare le seguenti cose. Invite some friends to do the following things using each verb given, as indicated in the example. Then repeat the response after the speaker.

Esempio entrare
Entrate!

1. ______________________
2. ______________________
3. ______________________
4. ______________________

CD 4, TRACK 5

C. Dai Lucia, facciamo queste cose insieme! You invite Lucia to share with you each of the following activities. Repeat the correct response after the speaker.

Esempio andare al cinema
Andiamo al cinema!

1. ______________________
2. ______________________
3. ______________________

CD 4, TRACK 6

D. Invita Alberto a non fare queste cose. Tell your friend Alberto not to do the following things. Then repeat the response after the speaker.

Esempio uscire stasera
Non uscire stasera!

1. ______________________
2. ______________________
3. ______________________
4. ______________________
5. ______________________

10.2 Aggettivi e pronomi dimostrativi

Pratica

A. Cosa preferisce Antonio? You're going shopping with your friend Antonio to buy him a gift. Ask him which item he prefers by using the elements given and the appropriate form of **questo** and **quello.** Follow the example.

Esempio (completo grigio/giacca blu)
Preferisci questo completo grigio o quella giacca blu?

1. (maglione di lana/cravatta di seta)
____

2. (portafoglio di pelle/dischi di Pavarotti)
____

3. (radio [*f.*] giapponese/calcolatrice elettronica)
____

4. (macchina fotografica/televisore americano)
____

B. Impariamo ad usare «Quello». Answer each question using the appropriate form of the adjective **quello.**

Esempio Quale vestito hai ammirato?
Ho ammirato quel vestito.

1. Quali stivali hai provato?
____

2. Quale completo ti sei messo ieri?
____

3. In quale macchina sei venuto(a)?
____

4. Quali impiegati hai salutato?
____

5. A quale commessa hai parlato?
____

6. Quali begli anni hai ricordato?
____

C. Quale preferisci? Rispondiamo usando «Quello». Indicate your choice in each of the following situations by substituting the appropriate form of the pronoun **quello** for the noun. Answer in a complete sentence.

1. È la notte di San Silvestro *(New Year's Eve)* e Lei vuole divertirsi: Preferisce uscire con amici tristi o con amici allegri *(cheerful)*?

____

2. Fa freddo e Lei ha solamente due vestiti, uno leggero e l'altro pesante: Quale preferisce mettersi?

____

3. È impiegato(a) e ha la possibilità di scegliere *(choose)* fra un capoufficio molto nervoso e un altro calmo e paziente: Quale preferisce scegliere?

____

Comprensione

CD 4, TRACK 7

A. A me piace quello! Listen as people point to and comment on articles of clothing in store windows, and indicate which form of the demontrative adjective they are using. Each sentence will be repeated twice.

Esempio You hear: Io vorrei quei pantaloni azzurri.
You underline: quel, quell', quei, quegli, quella, quelle

1. quel, quell', quei, quegli, quella, quelle
2. quel, quell', quei, quegli, quella, quelle
3. quel, quell', quei, quegli, quella, quelle
4. quel, quell', quei, quegli, quella, quelle
5. quel, quell', quei, quegli, quella, quelle
6. quel, quell', quei, quegli, quella, quelle

CD 4, TRACK 8

B. Vendiamo questi vestiti! Imagine that you are working in a fashionable Italian boutique. Advertise your products, using the cue and following the example. Then repeat the response after the speaker.

Esempio Questo vestito è elegante. (borsetta)
Questa borsetta è elegante.

1. ____
2. ____
3. ____
4. ____
5. ____

10.3 I mesi e la data

Pratica

A. Quando sono partiti e quando sono ritornati? Write out the departure and arrival dates of each person, using a complete sentence.

Esempio Piero: 26/12–3/1
Piero è partito il ventisei dicembre ed è ritornato il tre gennaio.

1. Mirella: 11/7–1/9

____

2. i signori Lamborghini: 15/4–21/6

____

3. Marcello: 14/8–31/10

____

4. il Presidente: 21/2–1/3

____

B. Quando sono nate le seguenti persone famose? Write out the year in which each person was born, using a complete sentence.

Esempio George Washington (1732)
George Washington nacque (è nato) nel millesettecentotrentadue.

1. Dante Alighieri (1265)

____

2. Michelangelo Buonarroti (1475)

____

3. Galileo Galilei (1564)

____

4. Giuseppe Garibaldi (1807)

____

5. E Lei? Quando è nato(a)?

____

Comprensione

CD 4, TRACK 9

A. Impariamo i mesi dell'anno. Repeat after the speaker.

I mesi dell'anno:

______ ______ ______ ______ ______ ______

______ ______ ______ ______ ______ ______

CD 4, TRACK 10

B. Le vacanze degli Italiani. Listen to the statements about various Italian holidays and write down the day and month of each one. You will hear each sentence twice.

Esempio You hear: Oggi è la festa del lavoro, è il primo maggio.
You write: *1/5*

1. ______
2. ______
3. ______
4. ______
5. ______
6. ______

CD 4, TRACK 11

C. Sergio è sempre un mese in anticipo! Sergio is always mistaken about his friends' birthdays. Every time he asks about one, he believes it to be one month earlier. Following the example, formulate the right answer to each of his questions. Then repeat the response after the speaker.

Esempio È in agosto il compleanno di Marisa?
No, è in settembre.

1. ______
2. ______
3. ______
4. ______

CD 4, TRACK 12

D. Impariamo le date in italiano! Repeat the following dates after the speaker.

1. nel 1918	nel 1989	nel 1945	nel 1492
2. il 25 luglio 1943	il 22 febbraio 1732	il 14 luglio 1789	
3. il 25/12	il 1/11	il 14/2	

10.4 Le stagioni e il tempo

Pratica

A. In che stagione siamo? Answer each question in a complete sentence.

1. In quale stagione gli alberi perdono le foglie *(leaves)*?

____

2. Qual è la stagione preferita dagli appassionati di sci *(ski)*?

____

3. Quale stagione aspettano impazientemente tutti gli studenti?

____

4. In quale stagione arriva Pasqua *(Easter)*?

____

5. In quale stagione è nato(a) Lei?

____

B. Che tempo fa? Choose one of the following expressions to complete each sentence.

fa caldo / fa freddo / fa bel tempo / piove / c'è nebbia / nevica / c'è vento

1. Roberto porta un golf di lana perché ______________________.
2. Simonetta si è messa un abito leggero perché ______________________.
3. La signora esce con l'ombrello perché ______________________.
4. I bambini si sono messi gli stivali e il cappotto perché ______________________.
5. Dino procede lentamente con la macchina perché ______________________.
6. Il dottor Lisi non si è messo il cappello *(hat)* perché ______________________.
7. Le ragazze escono per una passeggiata a piedi perché ______________________.

C. Parliamo del tempo al passato. Answer each question as in the example.

Esempio Piove a Torino? (ieri)
No, ma è piovuto ieri!

1. Nevica sulle Alpi? (tutta la settimana)

____

2. Fa brutto tempo in Riviera? (domenica scorsa)

____

3. Tira vento fuori? (questa mattina)

______

4. Fa caldo lì? (in agosto)

______

5. C'è nebbia oggi? (tutto ieri)

______

6. C'è il sole adesso? (per qualche ora)

______

Comprensione

CD 4, TRACK 13

A. Impariamo le stagioni. Repeat after the speaker.

Le stagioni: ______ ______ ______ ______

CD 4, TRACK 14

B. Come sarà il tempo secondo il bollettino metereologico. Listen to the news, without trying to understand every word, and indicate what the weather is going to be like tomorrow in various parts of Italy. You will hear each statement twice.

Esempio You hear: Domani fa bel tempo su tutte le regioni.
You underline: brutto tempo, vento, bel tempo, pioggia, neve, caldo

1. brutto tempo, vento, bel tempo, pioggia, neve, caldo
2. brutto tempo, vento, bel tempo, pioggia, neve, caldo
3. brutto tempo, vento, bel tempo, pioggia, neve, caldo
4. brutto tempo, vento, bel tempo, pioggia, neve, caldo
5. brutto tempo, vento, bel tempo, pioggia, neve, caldo
6. brutto tempo, vento, bel tempo, pioggia, neve, caldo

CD 4, TRACK 15

C. Il tempo non è così. Form a new sentence by substituting the cue. Then repeat the response after the speaker.

Esempio Questa mattina fa bel tempo. (fa brutto tempo)
Questa mattina fa brutto tempo.

1. ______
2. ______
3. ______

4. ____

5. ____

6. ____

CD 4, TRACK 16

Attualità

A. Dettato: Alessandra fa le valigie. Alessandra is going to Italy for a semester to study Italian and art history at a university in Florence. Listen as she tells what she is packing in her suitcase. You will hear her comments the first time at normal speed, a second time more slowly so that you can supply the missing words, and a third time at normal speed so that you can check your work. Feel free to repeat the process several times if necessary.

Domani parto per Firenze, che bello, non vedo l'ora. Oggi devo ______________ e devo pensare a che ______________ è e com'è il ______________ a Firenze. Ora siamo in ______________ e fa ______________ ma resto a Firenze fino a Natale e in ______________ e ______________ fa ______________ a Firenze. Allora adesso posso portare una ______________ estiva, con la ______________ rossa e i ______________ ma non devo dimenticare gli ______________ e il ______________. Però devo mettere in valigia dei vestiti per l'______________ e l'______________. Vediamo… devo mettere i ______________, le ______________, delle ______________, un ______________ e l'______________. Per quando fa più ______________ invece non devo dimenticare un ______________, la ______________ pesante e il ______________. Devo anche portare i ______________ e la ______________. È così difficile pensare all'______________ quando fa ancora ______________!

CD 4, TRACK 17

B. Una gita scolastica. Three classes of students from the school Dante Alighieri in Piazza della Repubblica in Florence are going on a field trip today. The principal is giving to each teacher directions for where his/her class is going. Listen to the principal's directions and indicate on the map the destination of each of the three groups of students. Each set of directions will be repeated twice.

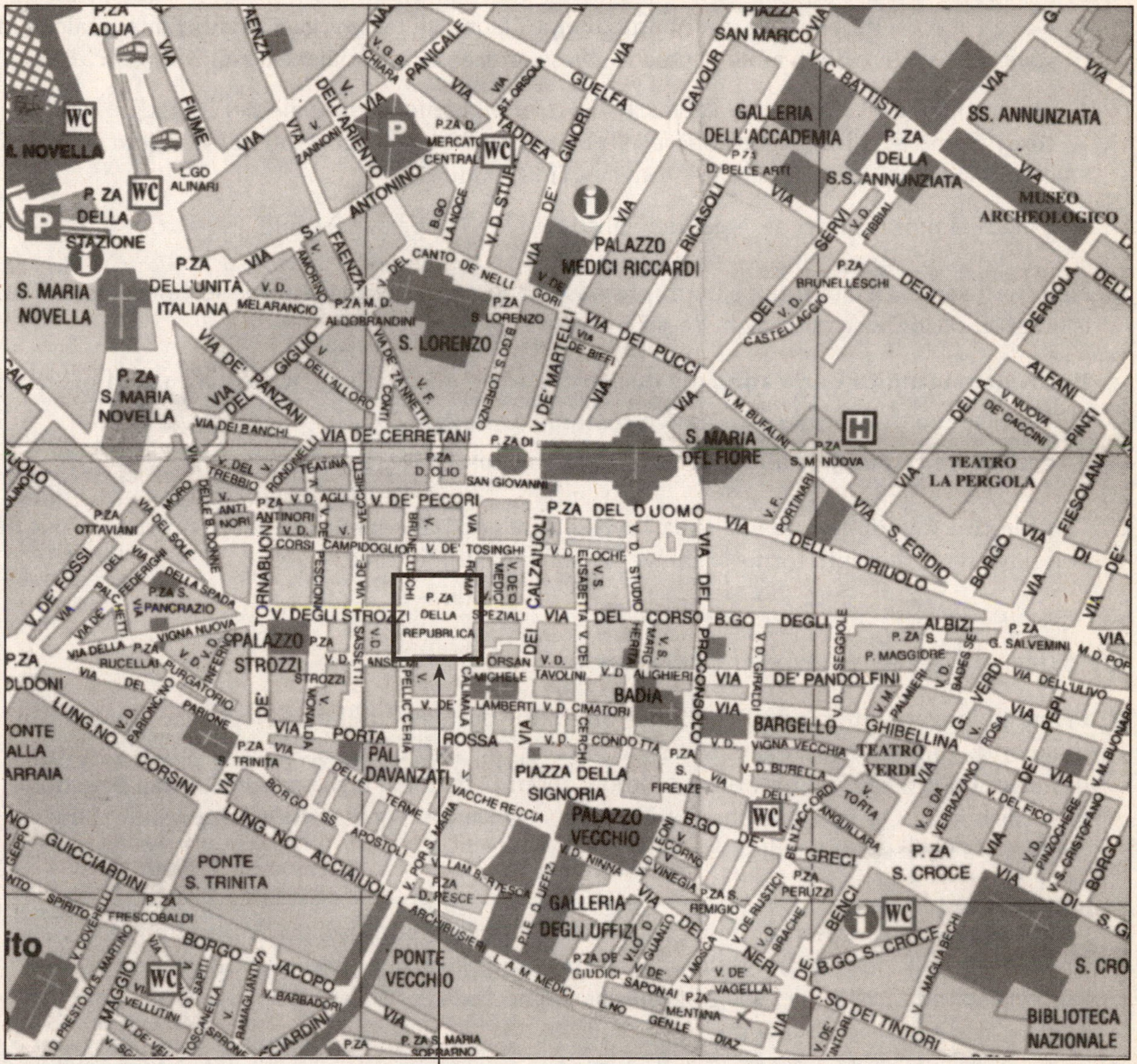

[You are here in Piazza della Repubblica.]

Adesso scriviamo *Andiamo in vacanza*

Spring break is coming up and you will be taking a trip with friends. Before you leave, you need to do some shopping. Write an e-mail to your parents telling them about your plans and what you need to buy. Conclude by asking them if they can lend you the money you need for your purchases.

A. To organize your thoughts and write a persuasive e-mail, begin by considering the following questions:

1. Dove vai con i tuoi amici e per quanto tempo? Com'è il tempo? Hai organizzato qualche gita speciale—vedere degli amici, qualche chiesa, museo o fare qualche attività specifica?
2. Hai bisogno di comprare qualche articolo di abbigliamento speciale per il viaggio? Che cosa? Come giustifichi le tue spese ai tuoi genitori? Quando costano questi nuovi articoli di abbigliamento? Trovi qualcosa *(something)* in svendita?
3. Chiedi ai tuoi genitori di rispondere alla tua e-mail appena possibile.

B. Now write an e-mail of three paragraphs based on your notes in the three sections above. Here is an example of how you might begin each part:

1. **Io e la mia amica Carla abbiamo deciso di andare a San Diego per le vacanze di primavera.**
2. **Ho bisogno di comprare un nuovo costume da bagno...**
3. **Per favore rispondete alla mia e-mail appena possibile perché...**

C. Double check your completed e-mail. Make sure you have spelled all words correctly and that you have used the right forms of the verbs' informal imperative.

Vedute d'Italia *Il gruppo Benetton*

A. Prima di leggere. Il gruppo Benetton is one of the best known Italian clothing companies in the world. You will learn about this famous company in the passage below. Before you read it, think about what you may already know about Benetton. Have you ever seen a Benetton advertisement? Or have you shopped in a Benetton store? What is your impression of the company's focuses and styles?

Il nome Benetton è universalmente riconosciuto. L'abbigliamento prodotto da Benetton ha uno stile tipicamente italiano: pratico, ma elegante, con **tessuti** *(fabrics)* di eccellente qualità. Benetton offre un'ampia **scelta** *(choice)* nell'abbigliamento per uomo, donna e bambini: abiti eleganti, da portare in città, e abiti casual per le vacanze e lo sport.

L'attività del gruppo Benetton, iniziata nel 1965, si è estesa oggi in più di 120 Paesi del mondo, con negozi situati in posizioni strategiche nei centri delle maggiori città.

La **sede** *(headquarters)* centrale della Benetton è a Ponzano, non lontano da Venezia. Da qui partono tutte le direttive e le innovazioni del gruppo Benetton, che ha moltissimi dipendenti in tutto il mondo.

Il gruppo Benetton ha anche una squadra di basket: basket Benetton.

B. Alla lettura. Read the paragraphs one more time and answer the following questions.

1. Com'è lo stile dell'abbigliamento Benetton?

   ____

2. Come sono i tessuti degli abiti Benetton?

   ____

3. Benetton offre solo abiti da portare in città?

   ____

4. Quando ha iniziato la sua attività il gruppo Benetton?

   ____

5. In quanti Paesi del mondo è presente il gruppo Benetton?

   ____

6. Dove sono situati i negozi Benetton?

   ____

7. Dov'è la sede del Gruppo?

   ____

8. Come si chiama la squadra di basket che il Gruppo possiede *(owns)*?

   ____

C. Culture a confronto. C'è una compagnia nel tuo Paese famosa nel mondo come il Gruppo Benetton?

Quale degli stili menzionati nella lettura preferisci e perché?

____

____

____

Nome ______________________ Data ______________ Classe ______________

CAPITOLO 11

In cucina

Punti di vista Il giorno di Pasqua

CD 4, TRACK 18

Prepariamo il «Pasticcio di carne» con la nonna Adriana. Listen as Valeria and her grandmother talk while they are preparing a family recipe made with fresh pasta, meat and tomato sauce, and white sauce **(besciamella).** Then indicate which ingredients are mentioned. Their conversation will be repeated twice.

____ carne	____ burro	____ pepe
____ pomodoro	____ uova	____ cipolla
____ latte	____ zucchero	____ carote
____ farina	____ acqua	____ formaggio
____ olio	____ sale	

Studio di parole *La cucina e gli ingredienti*

A. Gioco di abbinamento. Abbina *(Match)* i verbi della lista A con gli ingredienti appropriati della lista B.

A	B
1. ________ condire	**a.** l'acqua per la pasta
2. ________ friggere	**b.** la torta al forno
3. ________ fare bollire	**c.** le uova in una padella
4. ________ cuocere	**d.** la farina, le uova, l'acqua e il sale per fare la pasta
5. ________ mescolare	**e.** l'insalata con l'olio, l'aceto, il sale e il pepe
6. ________ cucinare	**f.** la pasta al dente

B. In cucina. Completa le frasi con la parola o l'espressione appropriata.

1. Per conservarlo, metto il latte ______________________________.
2. Quando preparo l'insalata la condisco (condire) con ______________________.

3. Per friggere le uova uso ______________________.
4. Per cucinare della pasta uso ______________________.
5. Per mangiare la zuppa uso ______________________.
6. Per mangiare gli spaghetti uso ______________________.
7. Per tagliare una mela uso ______________________.
8. Per bere uso ______________________.
9. Quando preparo la tavola metto prima ______________________.
10. Per cuocere una torta la metto ______________________.

Punti grammaticali

11.1 I pronomi diretti

Pratica

A. La giornata di Anna. Here's a list of some of the things Anna does during a typical day. Rewrite each sentence replacing the underlined words with a direct object pronoun.

Esempio Prende il caffè.
Lo prende.

1. Prepara la colazione.
____
2. Vede gli amici.
____
3. Beve il caffè.
____
4. Fa i compiti.
____
5. Pulisce la sua stanza.
____
6. Fa la spesa.
____
7. Invita le sue amiche.
____

B. Dare risposte positive. Answer each question in the affirmative, according to the example.

Esempio Mi porti al cinema?
Sì, ti porto al cinema.

1. Ci inviti al ristorante?

____

2. Mi aspetti alla stazione?

____

3. Ci porti allo zoo?

____

4. Ci vedi questa sera?

____

5. Mi chiami alle cinque?

____

C. Le domande della tua compagna di stanza, Laura. Your friend Laura has returned from a trip and wants to know if you have done the things she asked you to do. Answer each question by replacing the underlined words with the appropriate object pronoun.

Esempio Hai chiamato <u>gli amici</u>?
Sì, li ho chiamati.

1. Hai lavato <u>il frigo</u>?

____

2. Hai fatto <u>la spesa</u>?

____

3. Hai comprato <u>i bicchieri</u>?

____

4. Hai scritto <u>le cartoline</u>?

____

5. Hai pulito <u>il forno</u>?

____

D. Risposte negative. Answer the following questions in the negative as in the example.

Esempio Avete invitato i vostri parenti?
No, non li abbiamo invitati.

1. Avete riparato la lavastoviglie *(dishwasher)*?

   ____

2. Avete aspettato il nonno?

   ____

3. Avete lavato i piatti?

   ____

4. Avete messo le posate nel cassetto?

   ____

5. Avete bevuto il latte?

   ____

Comprensione

CD 4, TRACK 19

A. Chi porti alla festa? One of your friends is organizing a party and asking his guests who and/or what they are bringing. Listen to the questions and answers and indicate which direct object pronoun is used in each answer. Each conversation will be repeated twice.

Esempio You hear: —Porti tua sorella alla festa?
—Sì, la porto.
You underline: ti, lo, <u>la</u>, vi, li, le

1. ti, lo, la, vi, li, le
2. ti, lo, la, vi, li, le
3. ti, lo, la, vi, li, le
4. ti, lo, la, vi, li, le
5. ti, lo, la, vi, li, le
6. ti, lo, la, vi, li, le

CD 4, TRACK 20

B. Le domande di Fulvio. Your friend Fulvio is asking if you plan to do the following things. Answer using the appropriate direct object pronoun. Then repeat the response after the speaker.

Esempio Mi chiami domani?
Sì, ti chiamo domani.

1. ____
2. ____
3. ____
4. ____

CD 4, TRACK 21

C. Chi inviti alla festa? You're giving a party, and your mother wants to know whom you're inviting. Answer by replacing the noun with the direct object pronoun. Then repeat the response after the speaker.

Esempio Inviti Laura?
Sì, la invito.

1. ______________________
2. ______________________
3. ______________________
4. ______________________
5. ______________________
6. ______________________

CD 4, TRACK 22

D. Rispondi di no. Gino and Luciano are asking if you plan to do the following things. Answer in the negative. Then repeat the response after the speaker.

Esempio Ci vedi domani?
No, non vi vedo domani.

1. ______________________
2. ______________________
3. ______________________
4. ______________________

11.2 I pronomi indiretti

Pratica

A. Rispondiamo alle domande di papà. Your father wants to know if you and your brother Matteo are doing the following things. Answer each question by replacing the underlined words with the appropriate indirect object pronoun.

Esempio Telefonate alla mamma?
Sì, le telefoniamo.

1. Rispondete agli zii?

____

2. Parlate alla vostra professoressa?

____

3. Scrivete ai parenti?

____

4. Telefonate alla zia Giuseppina?

____

5. Rispondete a vostro cugino Pietro?

____

6. Telefonate al dottore?

____

7. Scrivete a vostra madre e a me?

____

8. Scrivete a vostra nonna?

____

B. Risposte al passato. Answer each question by replacing the underlined words with an indirect object pronoun.

Esempio Hai scritto a Teresa?
Sì, le ho scritto.

1. Hai telefonato a Franco?

____

2. Hai risposto alla professoressa?

____

3. Hai scritto a Mariella?

____

4. Hai parlato al dottore?

____

5. Hai telefonato ai tuoi amici?

____

C. Quando? Filippo wants to know when you and Gino did the following things. Answer using the cue in parentheses and replacing the underlined words with the appropriate object pronoun.

Esempio Quando ci avete telefonato? (ieri)
Vi abbiamo telefonato ieri.

1. Quando avete risposto a me e a Roberto? (due giorni fa)

   ____

2. Quando avete scritto a Teresa? (la settimana scorsa)

   ____

3. Quando ci avete mandato gli auguri? (ieri)

   ____

4. Quando mi avete telefonato? (un mese fa)

   ____

5. Quando avete risposto ai vostri genitori? (sabato)

   ____

6. Quando avete invitato me e Roberto? (tre giorni fa)

   ____

Comprensione

CD 4, TRACK 23

A. Domande e risposte. Listen to the following short conversational exchanges between university students. After you hear each exchange, which will be repeated twice, indicate if an indirect object pronoun has been used by placing a check mark beside the number of that exchange. Each conversation will be repeated twice.

1. ______ **2.** ______ **3.** ______ **4.** ______ **5.** ______ **6.** ______

CD 4, TRACK 24

B. A chi scriviamo? Answer each question, replacing the noun with the appropriate indirect object pronoun. Then repeat the response after the speaker.

Esempio Scrivi a Luigi?
Sì, gli scrivo.

1. ____
2. ____
3. ____
4. ____
5. ____

CD 4, TRACK 25

C. Usiamo il formale. Answer each question using the formal indirect object pronoun. Then repeat the response after the speaker.

Esempio Professore, mi scrive?
Sì, Le scrivo.

1. ______________________
2. ______________________
3. ______________________
4. ______________________

11.3 Pronomi con l'infinito e *ecco*!

Pratica

A. Ho dimenticato di farlo! Answer each question beginning your sentence with **Ho dimenticato di...** and replacing the underlined words with the appropriate object pronouns.

Esempio Hai chiamato Lucia?
Ho dimenticato di chiamarla.

1. Hai comprato le banane?
____
2. Hai chiuso la porta?
____
3. Hai telefonato a Matteo?
____
4. Hai parlato a Stefania?
____
5. Hai cercato il numero di telefono?
____
6. Hai invitato gli zii a pranzo?
____

B. Dove sono queste cose? Eccole! Your roommate asks you where the following things are. You point them out to him (her).

Esempio Dov'è la calcolatrice?
Eccola!

1. Dov'è l'elenco telefonico? ____________
2. Dove sono i tovaglioli di carta? ____________
3. Dove sono le uova? ____________
4. Dov'è il giornale di oggi? ____________
5. Dov'è la lista della spesa? ____________
6. Dove sono le chiavi? ____________

Comprensione

CD 4, TRACK 26

A. Cosa deve fare il compagno di stanza di Marco? Listen as Marco asks his roommate some questions and indicate whether a direct or indirect object pronoun is used in each answer. Each exchange will be repeated twice.

Esempio You hear: Devi lavare la macchina?
Sì, devo lavarla.
You underline: <u>diretto</u>, indiretto

1. diretto, indiretto
2. diretto, indiretto
3. diretto, indiretto
4. diretto, indiretto
5. diretto, indiretto
6. diretto, indiretto

CD 4, TRACK 27

B. Ecco il panorama della città! Your parents have come to visit, and you're showing them the sights of the city. After you hear each cue, use **ecco** and the appropriate pronoun to make a statement. Then repeat the response after the speaker.

Esempio il monumento di Verdi
Eccolo!

1. ____________
2. ____________
3. ____________
4. ____________

CD 4, TRACK 28

C. L'infinito con i pronomi diretti. Your sister is going shopping and wants to know if she should buy the following items. Answer her, replacing the noun with the appropriate direct object pronoun. Then repeat the response after the speaker.

Esempio Devo comprare la carne?
Sì, devi comprarla.

1. ______________________
2. ______________________
3. ______________________
4. ______________________

CD 4, TRACK 29

D. L'infinito con i pronomi indiretti. Answer each question by replacing the noun with the appropriate indirect object pronoun. Then repeat the response after the speaker.

Esempio Devo parlare al professore?
Sì, devi parlargli.

1. ______________________
2. ______________________
3. ______________________
4. ______________________

11.4 L'imperativo con un pronome (diretto, indiretto o riflessivo)

Pratica

A. Comandi informali e i pronomi. Ask your roommate to do the following things for you. Incorporate the pronoun **mi** in every response.

Esempi
1. aspettare
Aspettami!
2. prendere il giornale
Prendimi il giornale!

1. dire la verità

____

2. dare la guida della TV

____

3. fare un favore

____

4. comprare le banane

____

5. ascoltare quando parlo

____

6. spedire questa lettera

____

B. Comandi informali a tua sorella. Your sister is going shopping; she asks you if she should get the following things.

Esempio Prendo le pere? (sì)
Sì, prendile!

1. Prendo i grissini? (no)

____

2. Prendo le uova? (sì)

____

3. Prendo il burro? (no)

____

4. Prendo i biscotti? (sì)

____

5. Prendo l'aranciata? (sì)

____

6. Prendo lo zucchero? (no)

____

7. Prendo i limoni? (sì)

____

C. L'imperativo plurale e i pronomi. You're in charge of your two little brothers. Ask them to do, or not to do, the following things.

Esempio preparsi per la scuola
Preparatevi per la scuola!

1. svegliarsi

____

2. lavarsi bene le orecchie

____

3. vestirsi rapidamente

____

4. mettersi la giacca di lana

____

5. non annoiarsi in classe

____

6. non fermarsi dopo le lezioni

____

7. divertirsi al parco

____

D. Consigli ad un amico/un'amica. Your best friend is asking you for advice.

Esempio Devo telefonare alla mia ragazza? (sì)
Sì, telefonale!

1. Devo parlare al professore? (sì)

____

2. Devo scrivere a Marisa? (no)

____

3. Devo rispondere agli zii? (sì)

____

4. Devo domandare scusa a mio fratello? (sì)

____

5. Devo telefonare all'avvocato? (no)

____

6. Devo chiedere a Laura se viene con noi? (sì)

____

E. Cambiamo le frasi al formale! Change the following sentences from the familiar to the formal form of the imperative.

Esempio Parlale!
Le parli!

1. Scrivimi! ______________________
2. Fammi un favore! ______________________
3. Dalle la ricetta! ______________________
4. Non telefonargli, scrivigli! ______________________
5. Alzati presto domani mattina! ______________________
6. Non invitarli a pranzo, invitali a cena! ______________________
7. Regalale un libro di cucina! ______________________

Comprensione

CD 4, TRACK 30

A. La cena di Pasqua. Valeria is asking her grandmother if she can help with Easter dinner. Listen carefully to her questions and her grandmother's answers and indicate which direct object pronoun is used in each answer. You will hear each exchange twice.

Esempio You hear: —Nonna, compro il pane?
—Sì, compralo!
You underline: <u>lo</u>, la, li, le

1. lo, la, li, le
2. lo, la, li, le
3. lo, la, li, le
4. lo, la, li, le
5. lo, la, li, le
6. lo, la, li, le

CD 4, TRACK 31

B. Mangia Pietro! Your friend Pietro wants to eat everything in sight. Answer his questions, as in the example. Then repeat the response after the speaker.

Esempio Posso mangiare la torta?
Mangiala!

1. ______________________
2. ______________________
3. ______________________
4. ______________________

CD 4, TRACK 32

C. Facciamolo insieme! Invite your sister to join you in doing the following things. Replace the noun with the appropriate pronoun. Then repeat the response after the speaker.

Esempio parlare alla mamma
Parliamole!

1. ______________________________
2. ______________________________
3. ______________________________
4. ______________________________

CD 4, TRACK 33

D. Ora al plurale! Your parents have gone away for the weekend, and you're in charge of your two younger brothers. Tell them what they have to do. Then repeat the response after the speaker.

Esempio alzarsi
Alzatevi!

1. ______________________________
2. ______________________________
3. ______________________________
4. ______________________________

CD 4, TRACK 34

Attualità

A. Dettato: La torta di mandorle *(almonds)* della nonna. Listen as Valeria's grandmother explains how to make her favorite tart. You will hear her comments the first time at normal speed, a second time more slowly so that you can supply the appropriate forms of the missing verbs in the **imperative** and some missing vocabulary, and a third time so that you can check your work. Feel free to repeat the process several times if necessary.

Cara Valeria, per preparare la torta di mandorle, ______________ duecento grammi di burro e ______________ fuori dal frigo per una mezz'ora. ______________ il ______________ con duecento grammi di ______________ in modo da ottenere una pasta omogenea. Poi ______________ un ______________ intero e ______________ a mescolare *(mix)*. ______________ le mandorle in forno. Poi tritale *(grind them)* e

____________ nel composto già preparato, ____________ a mescolare

e ____________ un cucchiaino di rum e lentamente duecento grammi di farina.

____________ l'impasto in una teglia *(baking pan)* larga circa venti centimetri.

____________ in forno per mezz'ora a 180 gradi centigradi.

Buon appetito!

CD 4, TRACK 35

B. Alla festa di Gino. Gino is organizing his birthday party and he's discussing with his friend Marco what the menu should be. Marco suggests a dish of pasta and **pesto alla Genovese,** made with **pecorino** and **parmigiano** cheese, garlic, olive oil, and fresh basil. Listen to their conversation, which will be repeated twice, and then answer the following questions.

1. Cosa organizza Gino per sabato prossimo?

   ____

2. Cosa chiede a Marco?

   ____

3. Chi viene alla festa?

   ____

4. Che cosa gli suggerisce di preparare Marco? Perché?

   ____

5. Di quali ingredienti ha bisogno Gino per preparare il pesto alla genovese?

   ____

6. Quanta pasta deve cucinare?

   ____

7. Chi porta il basilico?

   ____

8. Cosa portano gli altri invitati?

   ____

Domanda personale

Hai mai mangiato la pasta al pesto? Vuoi andare alla festa di Gino e provarla? Cosa porti alla sua festa?

____

____

Nome ________________________ Data ____________ Classe ____________

Adesso scriviamo *Una cena tradizionale*

One of your Italian friends has written you an e-mail and asked you about American traditional dishes. You decide to respond by describing a meal or a specific dish that you associate with one of the traditional holidays celebrated in your family.

A. In order to organize your e-mail consider the following questions:

1. Che pranzo o quale piatto descrivi? Quale festa si celebra con questo pasto o piatto?

 ____

 ____

2. Descrivi i diversi piatti del pasto di questa festa o gli ingredienti del piatto che hai scelto.

 ____

 ____

3. Chi prepara di solito il menù o questo piatto? Chi pulisce la cucina e riordina la casa di solito?

 ____

 ____

4. Perché questo pasto o questo piatto sono importanti per questa festa?

 ____

 ____

B. Now, on the basis of your notes, write your e-mail. Some vocabulary that may be useful is provided below.

> cosciotto *(ham)*, gelato, coni *(cones)* per il gelato, marmellata di «mirtilli rossi» *(cranberry sauce)*, fagioli al forno *(baked beans)*, torta alle mele, torta alla zucca *(pumpkin pie)*, torta alle pecan o noci americane, biscotti *(cookies)*, il tacchino arrosto *(turkey)*, il sugo dell'arrosto *(gravy)*, ripieno *(stuffing)*, insalata verde, il grano dolce *(corn)*, il puré di patate *(mashed potatoes)*, le patate americane *(sweet potatoes)*

You may begin along these lines:

Caro(a) amico (amica) mia (or your friend's name) *oggi ti voglio raccontare della festa americana che preferisco: il Thanksgiving. Preferisco questa festa perché la mia mamma cucina la mia torta preferita: la torta alle noci americane.*

C. Double check your completed message. Make sure you have spelled all words correctly and that you have used the correct form of the object pronouns in your sentences.

Vedute d'Italia *Storia della pizza*

A. Prima di leggere. You are about to read a short history of the pizza. This is now a very popular dish, known all over the world, but it originated as a modest dish only made with bread and olive oil, called also **schiacciata.** To best follow this text, watch as you read for each of the specific changes that pizza has undergone and the reasons why each change happened.

> Le origini della pizza sono molto antiche. **Secondo** *(according to)* alcuni storici la pizza faceva già parte del menù della **cucina etrusca** *(Etruscan cuisine)*, anche se con **forme** *(shapes)* e ingredienti differenti da quelli di oggi. La pizza è nata come un piatto molto semplice, con ingredienti facili da trovare: la farina, l'olio, il sale e **il lievito** *(yeast)*.
>
> La pizza simile a quella di oggi nasce verso il 1600, quando hanno aggiunto formaggio e basilico per dare più **sapore** *(taste)* alla **schiacciata** *(flat bread)* di pane. Ma è solo con la scoperta del pomodoro che arriva la pizza moderna. Il pomodoro era importato dal Perù, dopo la scoperta dell'America, ed era usato come salsa cotta. Poi qualcuno ha avuto l'idea di metterlo sulla pizza, creando così la pizza moderna. Nell'ottocento la pizza è arrivata in America, portata dagli emigrati italiani.
>
> Nello stesso periodo un pizzaiolo di Napoli, ha avuto l'idea geniale di unire la pizza con la mozzarella.Il pizzaiolo ha preparato la pizza con pomodoro e mozzarella in onore della regina Margherita, moglie di Umberto I, re d'Italia. La pizza con pomodoro, mozzarella e basilico, presentava i colori della bandiera italiana. La pizza **è piaciuta** *(liked)* moltissimo alla regina, e il pizzaiolo ha dato alla pizza il nome della regina: la pizza Margherita è ora conosciuta in tutto il mondo.

B. Alla lettura

1. Go over the reading one more time, and make a list of the major dates in the history of the pizza until our modern pizza, and explain with one or two sentences why this date or change is important.

____

____

____

2. Now answer the following questions.

a. Quali sono i primi ingredienti della pizza?

____

b. Quando nasce la pizza simile a quella di oggi?

____

c. Quando è arrivato il pomodoro e da dove?

____

d. Com'è arrivata la pizza a New York?

____

e. Chi ha preparato la prima pizza Margherita?

____

f. Perché l'ha chiamata «Margherita»?

____

g. Che cosa rappresentano i colori della pizza Margherita?

____

C. Culture a confronto. Ti piace la pizza Margherita? Hai una pizza preferita? Quale? Dove vai a mangiarla di solito? La prepari tu?

____

____

____

CAPITOLO 12

Le vacanze

Punti di vista Al mare

CD 4, TRACK 36

Le vacanze di Filippo e Gabriella. Gabriella and Filippo are trying to decide where to go this summer. Listen as Gabriella reads aloud to Filippo from brochures about four possibilities. You will hear the information she shares twice. For each trip, provide the basic information specified below. To help you, some information has been filled in.

	Destinazione	Mezzo di trasporto	Località o città da visitare
Primo viaggio	*Mediterraneo*	______	______
Secondo viaggio	______	*treno*	______
Terzo viaggio	______	______	*night club e bellissime spiagge*
Quarto viaggio	______	______	______

La tua preferenza: Quale di questi viaggi preferisci? Spiega le ragioni della tua scelta con tre o quattro frasi.

____

____

____

Studio di parole *Le vacanze*

A. Cosa portiamo? Write at least four items for every category.

1. Al mare porto

______________________________.

2. In montagna porto

______________________________.

B. Preferenze. Answer the following questions with complete sentences.

1. Preferisci andare al mare o in montagna?

____

2. Preferisci dormire in una tenda o in un bell'albergo?

____

3. Cosa è necessario per fare il campeggio?

____

4. Cosa è necessario avere per non perdersi?

____

5. Cosa è necessario per andare all'estero?

____

Punti grammaticali

12.1 Il futuro

Pratica

A. Impariamo il futuro. Create a new sentence by substituting each subject in parentheses.

1. Quando pagherai il conto tu? (voi, il turista, loro)

____

2. Noi staremo attenti. (io, tu e lui, i bambini, il giovanotto)

____

3. Io berrò quando avrò sete. (lei, noi, i viaggiatori)

____

4. La signora verrà se potrà. (io, io e lui, i nonni)

____

B. Cosa succederà nel futuro? An optimist is predicting what will happen 50 years from now **(tra cinquant'anni).** Complete each statement in the future tense.

Esempio You read: (essere) Tutti ________ ricchi.
You write: (essere) Tutti *saranno* ricchi.

1. (vivere) Tutti i Paesi ____________________ in pace.
2. (sostituire *[to replace]*) L'energia solare ____________________ l'energia nucleare.
3. (avere) L'Italia ____________________ un governo stabile.
4. (occupare) Una presidentessa ____________________ la Casa Bianca.
5. (continuare) Le vacanze ____________________ tutto l'anno.
6. (pagare) Noi non ____________________ più tasse.

C. Rispondiamo al negativo. Answer each question in the negative, using either the future or the **passato prossimo** according to the expression of time in parentheses, and substituting pronouns wherever appropriate.

Esempi Vedi quel film stasera? (sabato prossimo)
No, lo vedrò sabato prossimo.
Vedi quel film stasera? (sabato scorso)
No, l'ho visto sabato scorso.

1. Parti per l'Adriatico oggi? (fra due settimane)

______

2. Fai una gita al Lago Maggiore? (tre giorni fa)

______

3. Vai all'università stamattina? (domani mattina)

______

4. Puoi scrivere la risposta a questa lettera? (fra qualche giorno)

______

5. Mangi ora? (fra un'ora)

______

6. Mi presti la macchina? (anche ieri)

______

D. Cosa farai? A friend is asking Paola whether she is doing the following things, and Paola answers that she will do them when or if other things take place. Answer with a complete sentence, using the cues and following the example.

Esempio Compri gli scarponi? (se/andare in montagna)
Li comprerò, se andrò in montagna.

1. Non accendi *(light)* il fuoco? (quando/gli altri ritornare)

______

2. Non prendi il sole? (se/fare più caldo)

______

3. Non ti prepari a partire? (non appena/avere i biglietti)

______

4. Non ti abbronzi in giardino? (quando/essere alla spiaggia)

______

5. Non metti la merenda *(snack)* nello zaino? (non appena/essere pronta)

______

6. Parti con tua sorella? (se/lei stare meglio *[better]*)

____

7. Porti anche il tuo fratellino? (se/lui volere venire)

____

E. Pratichiamo il futuro di probabilità. You're wondering about some friends who have gone abroad on vacation. Tuen each statement into a question expressing your conjectures.

Esempio Oggi sono a Roma.
In che città saranno oggi?

1. Fa caldo in Italia. ______________________
2. Non si annoiano; si divertono. ______________________
3. Trovano il Paese molto bello. ______________________
4. Visitano i Musei Vaticani. ______________________
5. Vanno anche in Sicilia. ______________________
6. Si ricordano dei loro amici. ______________________
7. Scrivono cartoline. ______________________
8. Trovano il cambio del dollaro poco favorevole. ______________________

Comprensione

CD 4, TRACK 37

A. Le attività degli studenti di Parma questo week-end. Listen as Marina describes what her friends at the university of Parma plan to do this weekend and match each activity on the right column with the correct person on the left. You will hear each statement twice.

______ 1. Andrea ______ 4. Valeria
______ 2. Marco ______ 5. Carlo
______ 3. Enrico ______ 6. Gabriella

a. finirà i compiti di italiano.
b. mangerà in un buon ristorante.
c. partirà in treno per Parigi.
d. passerà il weekend al mare.
e. visiterà la torre di Pisa.
f. passerà il weekend in montagna.

CD 4, TRACK 38

B. Tutti passeremo le vacanze al mare. Listen to the model sentence. Then form a new sentence by substituting the subject given. Repeat each response after the speaker.

Esempio Io passerò le vacanze al mare. (tu)
Tu passerai le vacanze al mare.

1. ____
2. ____

3. ______________________

4. ______________________

CD 4, TRACK 39

C. Noi tutti ci divertiremo! Listen to the model sentence. Then form a new sentence by substituting the subject given and making all necessary changes. Repeat each new response after the speaker.

Esempio Luisa si divertirà quest'estate. (io)
Io mi divertirò quest'estate.

1. ______________________
2. ______________________
3. ______________________
4. ______________________

12.2 I pronomi tonici

Pratica

Quando i pronomi sono importanti diventano tonici. Answer each question using the appropriate disjunctive pronoun.

Esempio Esci con Mariella?
Sì, esco con lei.

1. Abiti vicino a Luciano?

____

2. Questa lettera è per noi?

____

3. Vai da Pietro e Carlo questa sera?

____

4. Abiti vicino ai tuoi genitori?

____

5. Vieni con me questa sera?

____

6. Il regalo è per me?

____

Comprensione

CD 4, TRACK 40

A. A chi tocca? *(Whose turn is it?)* Maria's parents will be away on vacation for one week. Listen as Maria and her mother decide who will do which chore during their absence. Indicate after each exchange which **pronome tonico** Maria uses in her response. You will hear each exchange twice.

Esempio You hear: Mother: Lunedì tocca a Marco lavare la macchina.
Maria: Sì, tocca a lui.
You underline: a me, <u>a lui</u>, a lei, a noi, a voi, a loro

1. a me, a lui, a lei, a noi, a voi, a loro
2. a me, a lui, a lei, a noi, a voi, a loro
3. a me, a lui, a lei, a noi, a voi, a loro
4. a me, a lui, a lei, a noi, a voi, a loro
5. a me, a lui, a lei, a noi, a voi, a loro
6. a me, a lui, a lei, a noi, a voi, a loro

CD 4, TRACK 41

B. Per chi sono i regali? You've bought many presents, and Linda wants to know for whom they're intended. Answer using the disjunctive pronoun. Then repeat the response after the speaker.

Esempio La borsa è per tua madre?
Sì, è per lei.

1. ______________________________
2. ______________________________
3. ______________________________
4. ______________________________
5. ______________________________

CD 4, TRACK 42

C. Con chi parli? Roberto doesn't understand to whom you're talking and asks you to be more specific. Answer each question using the appropriate disjunctive pronoun. Then repeat the response after the speaker.

Esempio Parli a Giuseppe?
Sì, parlo a lui.

1. ______________________________
2. ______________________________
3. ______________________________
4. ______________________________

12.3 Piacere

Pratica

A. Impariamo il verbo Piacere. Form a sentence using the cues according to the example.

Esempi (Mario/viaggiare) *A Mario piace viaggiare.*
(i bambini/i dolci) *Ai bambini piacciono i dolci.*

1. (Arturo/la montagna)

____

2. (mio padre/i soldi)

____

3. (il mio amico/la letteratura)

____

4. (il mio professore/Firenze)

____

5. (il mio gatto/i pesci)

____

6. (gli studenti/le vacanze)

____

B. Vi sono piaciuti i regali di nozze? Tommaso and Filomena got married. Giuseppe asks them if they liked the presents they received.

Esempio (la televisione) *Ci è piaciuta.*

1. (i piatti)

____

2. (le lampade)

____

3. (la scrivania)

____

4. (il vaso cinese)

____

5. (le tazze)

____

6. (il libro di cucina)

____

Nome ______________________ Data ______________ Classe ______________

Comprensione

CD 4, TRACK 43

A. La festa di Alessio. Alessio is organizing a trip to Ibiza, a Spanish Island, and he is asking his friends about their preferences in travel and food. While you listen to the six exchanges match each friend with his/her preference from the choices given. Each exchange will be repeated twice.

Esempio You hear: Alessio: Carla, a te piace viaggiare in macchina?
Carla: No, a me piace piace viaggiare in treno.
You read: *Carla*
a. in aereo **b.** in treno **c.** a piedi **d.** in macchina

You write: b Carla

1. _______ Franco

a. in aereo
b. in treno
c. a piedi
d. in macchina

2. _______ Liliana

a. i piatti cinesi
b. la pizza
c. i burrito
d. la bistecca

3. _______ Filippo

a. il lago
b. la montagna
c. il mare
d. le isole

4. _______ Antonio

a. i piatti messicani
b. i piatti cinesi
c. i burrito
d. la pizza

5. _______ Lucia

a. il lago
b. la montagna
c. il mare
d. le isole

6. _______ Alessio

a. andare in vacanza con la famiglia
b. andare in vacanza da solo
c. andare in vacanza con gli amici
d. andare in vacanza con la sua ragazza

CD 4, TRACK 44

B. Conosciamoci! Your new friend Giovanni wants to know you better. Answer in the affirmative or in the negative according to the cue. Then repeat the response after the speaker.

Esempio Ti piace nuotare? (sì)
Sì, mi piace.

1. ____
2. ____

3. ____

4. ____

CD 4, TRACK 45

C. Cosa piace al tuo migliore amico? Lisa is going to buy a present for her boyfriend, who happens to be your best friend. She needs to know what he likes. Answer in the affirmative or in the negative, according to the cue. Then repeat the response after the speaker.

Esempi (un libro/sì) *Sì, gli piace.*
(dei cioccolatini/no) *No, non gli piacciono.*

1. ____

2. ____

3. ____

4. ____

5. ____

12.4 Il *si* impersonale

Pratica

A. Usiamo il si impersonale. Answer the following questions by using the impersonal **si**.

1. Che si fa in piscina?

____

2. In che ristorante della vostra città si mangia bene e si spende poco?

____

3. Quali lingue si parlano in Svizzera?

____

4. Che si va a fare in una palestra?

____

5. Perché si va a uno stadio?

____

B. Dal *noi* al *si* impersonale. Your friend is telling you what he and his friends do when they are on vacation. Substitute the impersonal **si** for the **noi** form.

Esempio Leggiamo ogni sera.
Si legge ogni sera.

1. Giochiamo al calcio.

____

2. Ascoltiamo la radio.

____

3. Facciamo passeggiate.

____

4. Andiamo in bicicletta.

____

5. Spendiamo poco.

____

6. Non studiamo.

____

Comprensione
CD 4, TRACK 46

A. A casa della nonna Clara. Franco has invited his friend Marco to come with him to visit his grandparents at their house in the country for the weekend. Listen as he tells Marco what they can do during their visit, and fill in the missing impersonal form of the verb in each of his comments.

Esempio You see: La mattina __________ con il nonno in campagna.
You hear: La mattina si lavora con il nonno in campagna.
You write: *si lavora*

1. La mattina ______________ fino a tardi e poi ______________ colazione con latte e pane fresco.
2. A mezzogiorno ______________ tutti insieme a tavola con il nonno e la nonna.
3. Nel pomeriggio ______________ gli zaini e ______________ a fare una passeggiata sulle colline.
4. La sera ______________ presto per cenare con i nonni, la nonna prepara sempre la mia torta preferita.
5. Dopo cena ______________ a piedi e ______________ i ragazzi e le ragazze del paese che giocano a basket o a calcio.
6. A casa della mia nonna ______________ proprio bene.

CD 4, TRACK 47

B. Come si fa a scuola. A mother is repeating some general rules to her child, who hasn't been behaving properly in school. Restate each sentence, using the impersonal **si.** Then repeat the response after the speaker.

Esempio Uno non fa così.
Non si fa così.

1. _______________
2. _______________
3. _______________
4. _______________

CD 4, TRACK 48

C. Marco risponde con il *si* impersonale. Dino is asking his friend Marco about doing different activities together. Marco agrees to everything. Re-create Marco's answers using the impersonal **si.** Then repeat the response after the speaker.

Esempio Andiamo alla riunione stasera?
Sì, si va alla riunione.

1. _______________
2. _______________
3. _______________
4. _______________

12.5 Plurali irregolari

Pratica

Alcuni plurali irregolari. Complete each sentence by supplying the plural of the word(s) in parentheses. Remember to use the definite article when necessary.

Esempio You read: (programma) Stasera guardo __________ alla TV.
You write: Stasera guardo *i programmi* alla TV.

1. (cuoco) _______________ sono occupati in cucina.
2. (telegramma) Hai mandato _______________ agli amici?
3. (poeta) Dante e Petrarca sono due grandi _______________.
4. (ginocchio) Mi fanno male _______________.
5. (problema) Purtroppo abbiamo molti _______________.
6. (arancia) _______________ che hai comprato sono buone.

7. (albergo) Quale di questi due ______________________ preferisci?
8. (farmacia) Oggi ______________________ sono chiuse.
9. (zio, ottimista) ______________ di Marisa sono ______________ .
10. (medico, simpatico) Ho conosciuto due ______________________ .

Comprensione

CD 4, TRACK 49

A. Formiamo il plurale. Give the plural of each phrase. Then repeat after the speaker.

Esempio il programma televisivo
i programmi televisivi

1. ______________________
2. ______________________
3. ______________________
4. ______________________
5. ______________________
6. ______________________

CD 4, TRACK 50

B. Formiamo il singolare. Give the singular of each phrase. Then repeat after the speaker.

Esempio i bravi dentisti
il bravo dentista

1. ______________________
2. ______________________
3. ______________________
4. ______________________
5. ______________________
6. ______________________

Nome ______________________ Data ______________ Classe ______________

CD 4, TRACK 51

Attualità

A. Dettato: La lettera dei nonni di Antonio. Antonio has received his grandparents' response to his letter, reproduced on page 269 of your textbook, and he's reading it to his friend Marcello who will accompany him on the trip. The letter will be read the first time at normal speed, a second time more slowly so that you can supply the appropriate forms of the missing verbs in the **futuro,** and a third time so that you can check your work. Feel free to repeat the process several times if necessary.

Caro Antonio, ______________ molto felici di averti qui con noi presto. Quando ______________, prima di Ferragosto, la nonna ______________ la lasagna, il tuo piatto preferito. ______________ tutti insieme anche con i tuoi cugini così ______________ quanto è cresciuta la piccola Liliana. Non vediamo l'ora di conoscere il tuo amico Marcello. Digli che ______________ restare a dormire da noi anche lui, non è un disturbo! Non importa se non ______________ rimanere a lungo, ______________ tempo per parlarci e ci ______________ tutto della tua nuova scuola. ______________ con la macchina di Marcello, ______________ stare attenti al traffico. Siamo sicuri che ______________ moltissimo e a noi ______________ vedervi e avervi come ospiti. Siamo sicuri che ______________ un buon viaggio. Salutaci tanto la tua mamma e il tuo papà, un caro saluto affettuoso, il nonno e la nonna.

CD 4, TRACK 52

B. Una vacanza indimenticabile *(unforgetful).* Listen as Carla tells her friend Vittoria about her recent vacation with her boyfriend Michele. Then answer the following questions by selecting the best answer. The conversation will be repeated twice.

1. Vittoria non vede Carla da…

a. un week-end
b. tanto tempo
c. un mese
d. una vita

2. Carla deve raccontare a Vittoria di…

a. una gita in montagna
b. un viaggio all'estero
c. un week-end con Michele
d. una vacanza al mare

3. Carla e Michele sono partiti che faceva tempo…

a. bello
b. nuvoloso
c. bruttissimo
d. mite

4. Quando Michele e Carla sono arrivati al campeggio di Santa Margherita…

a. faceva bel tempo
b. pioveva
c. tirava vento
d. faceva freddo

5. Dopo aver messo la tenda sono andati…

a. al ristorante
b. in discoteca
c. alla spiaggia
d. a fare la spesa

6. Quando Michele e Carla sono ritornati al campeggio…

a. era tardi
b. la tenda non era più al suo posto
c. erano arrivati degli amici
d. sono andati a dormire

7. Michele e Carla hanno risolto *(solve)* il problema…

a. chiamando la polizia
b. tornando a casa
c. attaccando la tenda alla macchina
d. andando in albergo

8. Poi Carla e Michele hanno deciso di…

a. dormire
b. andare al ristorante
c. sposarsi l'anno prossimo
d. ridere *(laugh)*

Domanda personale

Ti piace fare il campeggio? Scrivi una o due frasi per spiegare la tua preferenza.

____

____

____

Adesso scriviamo *In vacanza*

One of your new friends from school has written you an e-mail asking about your plans for your summer vacation. You respond by inviting him/her to join you for a camping trip that you are planning. Indicate where you will be going and when; ask your friend if he/she would like to join you and what his/her own preferences would be.

A. To organize your ideas, begin by considering the following questions.

Lay out your plans:

1. Quando farai la tua vacanza in campeggio?
2. Dove andrai?
3. Che equipaggiamento porterai?
4. Che attività potrai fare?

Ask your friend for his/her input:

1. Chiedigli/le se vuole andare con te.
2. Prepara due o tre domande da fare al tuo amico/alla tua amica per avere la sua opinione sulla vacanza.

B. Now organize your e-mail response in two paragraphs based on the notes you have made. You may begin each paragraph along these lines:

1. **Tra due settimane partirò per le Dolomiti dove vorrò fare il campeggio. Dovrò ricordarmi di portare molte cose: la tenda, il sacco a pelo, gli scarponi, le cartine...**
2. **Vieni in vacanza con me, ci divertiremo... Secondo te una tenda è sufficiente?**

C. Double check your completed message. Make sure you have spelled all words correctly, and that you have used the correct forms of the future tense and vocabulary learned in this chapter.

Vedute d'Italia *Fare il ponte*

A. Prima di leggere. You are about to read information about an Italian custom called **fare il ponte.** This custom, which means literally "building a bridge," enables people to make the most of the vacation days to which they are entitled. **"Fare il ponte"** is a longstanding cultural reality in Italy. Before you begin to read, think about how people plan vacations around holidays where you live—and how they try to use their vacation days to the fullest extent possible.

«Fare il ponte» è una realtà nella vita di tutti gli Italiani. «Fare il ponte» significa trasformare un giorno di lavoro, che si trova tra due giorni di festa, in un giorno di vacanza. Per esempio, se il 25 aprile, Festa della Liberazione, cade di giovedì, gli Italiani prendono il venerdì come giorno di vacanza, così hanno un week-end di quattro giorni. Molti alberghi, pensioni e agriturismi offrono dei prezzi speciali per questi weekend lunghi che chiamano «Vacanza ponte». L'usanza di «fare il ponte» esiste nelle aziende, negli uffici pubblici e negli istituti scolastici. Ci sono già nel calendario italiano alcune feste create per convenienza. Per esempio, la festa di Santo Stefano dopo il giorno di Natale, o la Festa del Lunedì dell'Angelo, o Pasquetta, dopo la domenica di Pasqua. Questo uso porta benefici alle famiglie che possono passare del tempo insieme: possono fare il campeggio o una gita al mare o in montagna. Con «il ponte» ogni attività si blocca nelle aziende, causando dei ritardi nella produzione. Inoltre, si possono verificare notevoli disagi *(difficulties)* nei trasporti pubblici e negli ospedali, ma nessuno si lamenta e tutti sono contenti di questa usanza. «Fare il ponte» è un'usanza destinata a rimanere nella vita degli Italiani.

B. Alla lettura. Read the paragraph about **"Fare il ponte"** one more time and then answer the following questions.

1. Che cosa significa «fare il ponte»?

   ____

2. Cosa offrono molti alberghi, pensioni o agriturismi?

   ____

3. Quali sono due esempi di feste create per convenienza?

   ____

4. Quali sono i benefici che derivano dal «fare il ponte»?

   ____

5. Quali problemi può creare «il ponte» per le aziende e per le industrie?

   ____

6. Perché gli Italiani non vogliono rinunciare *(give up)* all'usanza di «fare il ponte»?

   ____

C. Culture a confronto. Hai mai fatto una vacanza ponte? Per quale occasione e perché? Secondo te è un beneficio o un disagio? Spiega con una o due frasi la tua risposta.

____

____

____

Nome ______________________ Data ______________ Classe ______________

CAPITOLO 13

La casa

Punti di vista Il nuovo appartamento

CD 5, TRACK 2

Il nuovo appartamento di Marina. Your friend Marina has invited you over to see her new apartment. Listen to her description as she gives you a tour, filling in the information requested below. The first line has been completed for you. The description will be repeated twice.

1. Complete the following chart with the positive and negative aspects of each room.

	Elementi positivi	Elementi negativi
La cucina:	*bene attrezzata, il frigorifero e la lavastoviglie sono nuovi*	*piccola*
Sala da pranzo:		
Salotto:		
La camera di Marina:		
La camera degli ospiti:		
Primo bagno:		
Secondo bagno:		
Lo studio:		

Ora rispondi alla seguente domanda: Ti piacerebbe abitare in un appartamento come quello di Marina? Perché sì o perché no?

____

____

____

____

Nome ______________________ Data ______________ Classe ______________

Studio di parole *La casa e i mobili*

A. In che stanza? Indicate in writing where the following pieces of furniture and appliances should be in an apartment in Italy.

Esempio un letto
Lo metto in camera.

1. un lampadario

____

2. sei sedie

____

3. un televisore

____

4. uno specchio

____

5. un forno

____

6. un tappeto

____

7. un armadio

____

8. due poltrone

____

B. Giochiamo insieme! Solve the following crossword using the vocabulary from the chapter.

Le parole incrociate *(Crossword)*

Orizzontali *(Across)*

1. Quello orientale è molto elegante.
2. Lo paghiamo al padrone di casa.
3. Può essere singolo o matrimoniale.
4. La portiamo tutta con noi nel nostro nuovo appartamento.
5. Sono indispensabili per arredare la casa.

Verticali *(Down)*

1. Lo facciamo quando cambiamo casa.
3. Articolo femminile singolare.

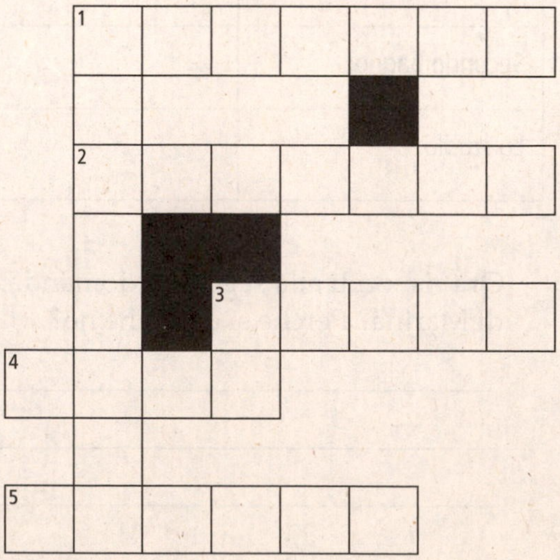

Punti grammaticali

13.1 Ne

Pratica

A. Conosciamo Claudio. Lisa wants to know many things about Claudio. Answer each of her questions using **ne** and the cue in parentheses.

Esempio Ha degli amici? (molti)
Sì, ne ha molti.

1. Ha una macchina? (una)

____

2. Ha dei parenti in Italia? (alcuni)

____

3. Ha dei cugini a Firenze? (due)

____

4. Ha degli esami oggi? (tre)

____

5. Ha dei soldi? (molti)

____

6. Ha dei problemi? (molti)

____

B. Una discussione di politica. Your friend wants to know what you discussed at a political gathering. Answer each question in either the affirmative or the negative using **ne.**

Esempio Avete parlato dei nostri problemi?
Sì, ne abbiamo parlato. o *No, non ne abbiamo parlato.*

1. Avete parlato dei candidati? (sì)

____

2. Avete parlato dei giornalisti? (no)

____

3. Avete parlato della situazione economica? (sì)

____

4. Avete parlato della campagna elettorale? (no)

____

C. Cosa hai fatto mentre eri malato(a) *(ill)*? You sprained your ankle and have had to stay in bed for a few days. Your friend Luciano wants to know how you have been spending your time.

Esempio Quanti libri hai letto? (due)
Ne ho letti due.

1. Quante pizze hai mangiato? (quattro)

____

2. Quanti amici hai visto? (dieci)

____

3. Quante lettere hai scritto? (molte)

____

4. Quanti capitoli hai studiato? (uno)

____

5. Quanti progetti hai fatto? (tanti)

____

D. Che cosa deve comprare Anna? Anna is going grocery shopping and wants to know how much or how many of the following food items she should buy. Answer using **ne** and the cue in parentheses.

Esempio Quante bistecche devo comprare? (quattro)
Devi comprarne quattro.

1. Quanta frutta devo comprare? (un chilo)

____

2. Quanto vino devo comprare? (due bottiglie)

____

3. Quante mele devo comprare? (otto)

____

4. Quanto zucchero devo comprare? (mezzo chilo)

____

Comprensione

CD 5, TRACK 3

A. Quando si usa *ne*? Sergio is looking for a roommate and Lorenzo is looking for an apartment to share. Listen as they ask each other about their habits in order to determine whether they might room together. Indicate with a checkmark whether or not the pronoun **ne** is used in each of their exchanges. Each exchange will be repeated twice.

Esempio You hear: Sergio: Compri il pane tutti i giorni?
Lorenzo: Sì, ne compro mezzo chilo.
You write: ✓

______ 1. ______ 4.

______ 2. ______ 5.

______ 3. ______ 6.

CD 5, TRACK 4

B. Rispondiamo con *ne*. Your girlfriend wants to know if you need the following people or things in order to be happy. Answer in the affirmative or in the negative using **ne.** Then repeat the response after the speaker.

Esempio Hai bisogno di un palazzo? (sì)
Sì, ne ho bisogno.

1. ______________________________
2. ______________________________
3. ______________________________
4. ______________________________

CD 5, TRACK 5

C. C'è posto anche per Riccardo nel nostro appartamento? Riccardo is considering moving into the apartment you're already sharing with a friend. Answer his questions using **ne.** Then repeat the response after the speaker.

Esempio Quante stanze avete? (quattro)
Ne abbiamo quattro.

1. ______________________________
2. ______________________________
3. ______________________________
4. ______________________________

13.2 *Ci*

Pratica

A. Impariamo ad usare *ci*. Answer each question using **ci** and the cue in parentheses.

Esempio Quando sei andato(a) a San Francisco? (ieri)
Ci sono andato(a) ieri.

1. Quando siete stati a Firenze? (un anno fa)

____

2. Quando è andato a New York Franco? (a settembre)

____

3. Quando sei andato(a) dal dentista? (tre mesi fa)

____

4. Quando siete arrivati a Boston? (giovedì)

____

B. Risponde il padrone di casa. You're inquiring about a furnished apartment for rent and want to know if the following things are in the apartment. Re-create the landlord's answers, using the affirmative or the negative according to the cue.

Esempio Ci sono delle sedie? (sì, quattro) / (no)
Sì, ce ne sono quattro. o *No, non ce ne sono.*

1. Ci sono dei tavoli? (no)

____

2. Ci sono delle poltrone? (sì, due)

____

3. Ci sono dei divani? (sì, uno)

____

4. Ci sono degli armadi? (no)

____

5. Ci sono dei letti? (sì, tre)

____

Nome ______________________ Data ______________ Classe ______________

Comprensione

CD 5, TRACK 6

A. Conosciamoci. Sergio and Lorenzo have decided to share Sergio's apartment. Now they are asking each other questions about their routines and preferences. As you listen, place a checkmark beside the number of each exchange in which **ci** is used. Each exchange will be repeated twice.

Esempio You hear: Sergio: Vai all'università in macchina?
Lorenzo: No, ci vado in autobus.
You write: ✓

_____ **1.** _____ **4.**
_____ **2.** _____ **5.**
_____ **3.** _____ **6.**

CD 5, TRACK 7

B. Pensi ai problemi nel mondo? You and a friend are talking about the world's problems. Answer each question, using **ci** and the cue. Then repeat the response after the speaker.

Esempio Pensi all'inflazione? (spesso)
Ci penso spesso.

1. ____
2. ____
3. ____
4. ____

CD 5, TRACK 8

C. Com'è l'appartamento? Marco is inquiring about an apartment. Answer his questions using **ci** and **ne** and the cue. Then repeat the response after the speaker.

Esempio Quante stanze ci sono? (tre)
Ce ne sono tre.

1. ____
2. ____
3. ____
4. ____

13.3 I pronomi doppi

Pratica

A. Quando eri piccolo(a). When you were a child, did your mother or father do the following things for you? Answer using a double object pronoun.

Esempio Ti comprava i giocattoli?
Sì, me li comprava.

1. Ti raccontava le favole?

____

2. Ti leggeva i libri?

____

3. Ti portava a casa i cioccolatini?

____

4. Ti faceva i compiti qualche volta?

____

5. Ti spiegava la lezione quando era difficile?

____

B. Come risponde il Signor Bianchi, il padrone di casa? Mr. Bianchi is renting his house. The tenant wants other features added to the rental and Mr. Bianchi agrees to almost everything.

Esempio Signor Bianchi, mi affitta la casa?
Sì, gliela affitto.

1. Mi vende i mobili? (sì)

____

2. Mi lascia il telefono? (sì)

____

3. Mi regala la vecchia lavastoviglie? (sì)

____

4. Mi firma il contratto? (sì)

____

5. Mi presta la macchina? (no)

____

C. Aiuti tuo padre ad affittare la casa al mare? Someone is going to rent your father's beach house, and your father wants to know if you've done the following things for the new tenant.

Esempio Gli hai mostrato la casa?
Sì, gliel'ho mostrata.

1. Gli hai dato il mio numero di telefono?

____

2. Gli hai mostrato i mobili?

____

3. Gli hai dato la chiave?

____

4. Gli hai presentato i vicini?

____

5. Gli hai lasciato il contratto?

____

D. Vai a trovare Arturo in montagna. You're going to visit Arturo at his mountain cabin. He forgot a few things and asks you to bring them.

Esempio Puoi portarmi i miei sci? (sì)
Sì, posso portarteli.

1. Puoi portarmi il mio maglione di lana? (sì)

____

2. Puoi portarmi il mio gatto? (no)

____

3. Puoi portarmi i miei scarponi *(hiking boots)*? (sì)

____

4. Puoi portarmi il mio sacco a pelo *(sleeping bag)*? (no)

____

5. Puoi portarmi le candele? (sì)

____

E. Cosa ti metti? What do you wear on cold, rainy days?

Esempio Ti metti il cappotto?
Sì, me lo metto.

1. Ti metti gli stivali?

____

2. Ti metti la giacca?

____

3. Ti metti l'impermeabile?

____

Comprensione

CD 5, TRACK 9

A. La mamma è preoccupata. Lorenzo has moved in with his friend Sergio. His mother is worried and is asking a lot of questions about his habits, new apartment, and roommate. While you listen to their conversation, concentrate especially on Lorenzo's answers and indicate which double object pronouns he uses. Each question and answer will be repeated twice.

Esempio You hear: Mamma: Mostri l'appartamento a tua sorella?
Lorenzo: Sì, glielo mostro.
You underline: te lo, me la, glielo, ce ne, ve lo, te la

1. te lo, me la, glielo, ce ne, ve lo, te la
2. te lo, me la, glielo, ce ne, ve lo, te la
3. te lo, me la, glielo, ce ne, ve lo, te la
4. te lo, me la, glielo, ce ne, ve lo, te la
5. te lo, me la, glielo, ce ne, ve lo, te la
6. te lo, me la, glielo, ce ne, ve lo, te la

CD 5, TRACK 10

B. Rispondiamo con i pronomi doppi. Franca is asking if you'll give her the following things. Answer in the affirmative, using double object pronouns. Then repeat the response after the speaker.

Esempio Mi dai il libro?
Sì, te lo do.

1. ____
2. ____
3. ____
4. ____

Nome ______________________ Data ____________ Classe ____________

CD 5, TRACK 11

C. Com'è l'appartamento delle cugine di Luisa e Marta? Luisa and Marta are visiting their cousins and are asking many questions. Answer their questions using the appropriate double object pronouns. Then repeat the response after the speaker.

Esempio Ci mostrate l'appartamento?
Sì, ve lo mostriamo.

1. ______________________
2. ______________________
3. ______________________
4. ______________________

CD 5, TRACK 12

D. Usiamo i pronomi doppi con l'infinito. Answer each question in the affirmative, using double object pronouns. Then repeat the response after the speaker.

Esempio Puoi darmi il libro d'italiano?
Sì, posso dartelo.

1. ______________________
2. ______________________
3. ______________________
4. ______________________

13.4 I numeri ordinali

Pratica

A. Pratichiamo i numeri ordinali. Write complete sentences using the ordinal number in parentheses.

Esempio (4ª pagina / libro)
È la quarta pagina del libro.

1. (1ª parte *[f.]*/ romanzo *[novel]*)

____

2. (3ª riga / pagina)

____

3. (5º ragazzo / fila [row])

____

4. (9ª domanda / esercizio)

____

5. (10º giorno / mese)

____

6. (15º anno / nostra collaborazione)

____

7. (20º anniversario / loro matrimonio)

____

8. (100ª parte / dollaro)

____

9. (2ª settimana / gennaio)

____

10. (7º piano *[floor]* / edificio)

____

B. Ordiniamo gli eventi. Here's a list of things you're going to do today. Indicate their order of priority by placing an ordinal number in front of each activity.

Esempio *primo:* alzarmi

______________________ : telefonare agli amici

______________________ : andare alla banca

______________________ : andare all'università

______________________ : studiare italiano

______________________ : vestirmi

______________________ : bere un succo di frutta

______________________ : fare colazione

______________________ : lavarmi

______________________ : leggere il giornale

______________________ : guardare la televisione

Nome ______________________ Data ______________ Classe ______________

Comprensione

CD 5, TRACK 13

A. Impariamo a pronunciare i numeri ordinali. Repeat each phrase after the speaker.

CD 5, TRACK 14

B. Qual è il numero ordinale? Give the ordinal number that corresponds to the cardinal number. Then repeat the response after the speaker.

Esempio You hear: undici
You say: *undicesimo*

CD 5, TRACK 15

C. Quando usiamo i numeri ordinali? Repeat the following names and centuries after the speaker.

1. Papa Giovanni XXIII; Vittorio Emanuele III; Luigi XVI
2. Il secolo XIII; Il secolo XVIII; Il secolo XX

Nome ______________________ Data ____________ Classe ____________

CD 5, TRACK 16

Attualità

A. Dettato: Un appartamento signorile in centro a Firenze. Listen to the voice mail left for you by your roommate Franco describing an elegant apartment in the center of Florence. It will be read the first time at normal speed, a second time more slowly so that you can supply the missing words, and a third time so that you can check your work. Feel free to repeat the process several times if necessary.

Nel centro storico di Firenze, offro ____________ signorile molto grande con tre ____________ da letto e doppi servizi. ____________ è molto grande, ben attrezzata e bene illuminata da due grandi ____________. L'appartamento è parzialmente ammobiliato: ci sono ____________ e ____________ in salotto, e anche una scrivania. Nella cucina c'è ____________ con ____________ per otto persone. Ci sono ____________ in ogni ____________. Se ____________ vuole l'accesso all'Internet può ____________ telefonando alla compagnia del telefono. L'appartamento si trova al ____________ piano di un grande ____________ in via Oliveto e ____________ abita nell'appartamento vicino. Al ____________ del palazzo c'è la cassetta della posta e ci vuole una piccola chiave per aprir ______. Se ____________ desidera tenere un animale domestico deve ____________ un deposito di 300 euro al momento del contratto. C'è ____________ per salire al ____________ piano. Il ____________ si trova dietro ____________. ____________ è di 800 euro al mese. Per favore telefonare ore pasti al seguente numero e chiedere di Paolo: 055-45679.

CD 5, TRACK 17

B. Come è cambiata la casa italiana? Cristina is looking for an apartment to share with her university friends Simona and Carla. Listen as Cristina and her grandmother discuss her search for an apartment, and indicate whether the following statements are true **(vero)** or false **(falso)**. Their conversation will be repeated twice.

	Vero	Falso
1. La ricerca di un appartamento va molto bene.	______	______
2. Gli appartamenti sono brutti.	______	______
3. L'affitto è molto alto.	______	______
4. Cristina preferisce vivere con i genitori.	______	______
5. Cristina preferisce dormire di più.	______	______

6. L'appartamento ha tre camere da letto. ______ ______
7. La sala da pranzo è piccola. ______ ______
8. Possono usare la sala da pranzo come studio. ______ ______
9. Il frigo è nuovo e c'è la lavastoviglie. ______ ______
10. Non c'è l'ascensore. ______ ______
11. C'è un posto per le bici. ______ ______
12. Alla nonna sembra una cattiva soluzione. ______ ______
13. Cristina decide di firmare il contratto. ______ ______

Domanda personale

Sei d'accordo con la decisione di Cristina? Quali sono i vantaggi e gli svantaggi? Scrivi due o tre frasi per spiegare il tuo punto di vista.

____

____

____

Adesso scriviamo *Annuncio di un appartamento*

You are looking for a roommate and decide to advertise your apartment on your university's student website.

A. To organize the information for the three paragraphs of your advertisement fill out the following chart:

1. Luogo:	
2. Piano:	
3. Stanze:	
4. Bagni:	
5. Garage:	
6. Mobili:	
7. Lavatrice:	
8. Lavastoviglie:	
9. Animali:	
10. Affitto:	

B. Now organize the information from the chart in three paragraphs. In the first paragraph, describe the apartment and its rooms. In the second, describe the garage and the furnishings. In the third, indicate whether or not pets are allowed and what the rent is. You may begin each paragraph along these lines:

1. **Cerco compagno di stanza per condividere il mio appartamento al quarto piano di un nuovo palazzo vicino all'università...**
2. **Nel palazzo c'è un garage per due macchine...**
3. **È possibile avere degli animali domestici ma bisogna pagare una cauzione...**

C. Double check your completed advertisement. Make sure you have spelled all words correctly and that you have used the vocabulary and structures learned in this chapter.

Vedute d'Italia *L'architetto Renzo Piano*

A. Prima di leggere. The reading below will introduce you to the renowned contemporary Italian architect Renzo Piano. Before you read it, take a look at the photos of two well-known buildings designed by Piano—The Pompidou Center in France and the Osaka Airport in Japan. They both show some of the characteristics of his distinguished work. How would you describe these two buildings? What characteristics do they have in common? Considering these examples of Piano's work will serve as a useful and interesting introduction to the passage that follows.

Osaka Airport

The Pompidou Center

RENZO PIANO, nato a Genova nel 1937, è uno dei più geniali architetti del nostro tempo. Renzo Piano si è affermato, sia in Italia che all'estero, fin dagli anni 60. Nel 1971 ha collaborato al grande progetto del Centre Georges Pompidou a Parigi. Questo progetto l'ha reso famoso in tutto il mondo.

I suoi progetti di edifici rivelano lo studio della leggerezza, della trasparenza e della semplicità classica nella costruzione degli edifici. Il suo progetto per l'edificio del New York Times a New York, per esempio, è un grattacielo che sembra sfidare *(to defy)* le leggi di gravità: la base è di vetro e tutto l'edificio sembra emanare la luce dall'interno.

Tra gli edifici che ha progettato ci sono musei, gallerie ed altri edifici pubblici in Italia e all'estero. Per citarne alcuni: il Menil Collection a Houston, il Museo Beyeler in Svizzera, il NEMO: Museo della scienza e della tecnologia ad Amsterdam, la Pinacoteca Giovanni e Marella Agnelli di Torino, l'aeroporto internazionale Kansai e molti altri. Ha anche in progetto la parte nuova della Morgan Library di New York.

I suoi successi gli hanno fruttato fama internazionale e numerosi riconoscimenti in Italia e all'estero. Renzo Piano è spesso in viaggio, ma ritorna sovente nei suoi due studi di Punta Nave (Genova) e di Parigi.

B. Alla lettura. Read the passage one more time and answer the following questions.

1. Chi è Renzo Piano?

   ____

2. Dove e quando è nato?

   ____

3. Quale grande progetto, al quale ha collaborato, l'ha reso famoso?

   ____

4. Quali sono le caratteristiche dei suoi progetti di edifici oltre *(besides)* alla leggerezza?

   ____

5. Renzo Piano ha progettato edifici solo in Italia?

   ____

6. Che tipo di edificio ha progettato per il *New York Times*? Dove?

   ____

7. Che cosa ha costruito ad Amsterdam? a Torino? e in Giappone?

   ____

8. Dove sono i suoi due studi?

   ____

C. Culture a confronto. Ti piacerebbe vedere le opere di Piano? Perché? Secondo te i suoi lavori sono importanti nel mondo? Perché?

____

____

____

____

____

____

Nome ______________________ Data ____________ Classe ____________

CAPITOLO 14

Il mondo del lavoro

Punti di vista **Una scelta difficile**

CD 5, TRACK 18

Che lavoro vogliono fare gli amici di Marco? Listen as Marco and three friends—Lucio, Sergio, and Valentina—discuss what they would like to do after graduation, then indicate whether the following statements are true **(V)** or false **(F)**. You will hear the conversation twice.

	Vero	Falso
1. Lucio non ha parlato con il professor Berti.	_____	_____
2. Lucio si laurea in chimica.	_____	_____
3. Il professor Berti aiuterà Lucio a trovare lavoro.	_____	_____
4. Lucio potrebbe lavorare come chimico di laboratorio.	_____	_____
5. Lavorare per un'azienda farmaceutica non è il sogno di Lucio.	_____	_____
6. Marco ha deciso di seguire la carriera di suo padre.	_____	_____
7. Sergio consegue la laurea in ingegneria.	_____	_____
8. Sergio deve aiutare suo padre con l'azienda agricola.	_____	_____
9. Valentina consegue una laurea in arredamento d'interni.	_____	_____
10. Valentina non pensa di trovare lavoro facilmente.	_____	_____

Studio di parole *Mestieri e professioni*

A. Cosa manca ***(is missing)*****?** Read Antonio's story and fill in the missing words from the list below.

colloquio lavoro assumere guadagnare licenziarsi stipendio aumento disoccupato

Antonio vuole trovare un nuovo ______________________. Vorrebbe prendere uno ______________________ più alto perché ha bisogno di ______________________ più soldi per comprarsi una macchina nuova. Il padrone non vuole dargli un ______________________, così Antonio ha deciso di ______________________. Oggi ha un ______________________ in una nuova azienda che lo vuole ______________________ come impiegato. Uno dei requisiti *(requirements)* è saper parlare l'inglese e Antonio è molto contento perché lui lo parla molto bene. Questa nuova azienda pensa di ______________________ Antonio e lui non sarà ______________________ per molto tempo.

B. Gioco di abbinamento. Match the definitions from list B with the jobs on list A.

A

1. ______ l'idraulico
2. ______ il medico
3. ______ il costruttore
4. ______ l'oculista
5. ______ l'infermiere
6. ______ l'architetto
7. ______ l'avvocato
8. ______ l'elettricista
9. ______ il commercialista
10. ______ lo psicologo

B

a. Tiene in ordine i documenti contabili di aziende *(firms)*.
b. Aiuta le persone a capire il loro comportamento.
c. Cura i malati.
d. Assiste il medico.
e. Difende una persona in tribunale.
f. Ripara i fili della luce *(electrical wire)*.
g. Ripara i tubi dell'acqua.
h. Cura gli occhi delle persone.
i. Prepara i progetti di case e palazzi.
j. Costruisce case e palazzi.

Punti grammaticali

14.1 Il condizionale presente

Pratica

A. Impariamo le forme del condizionale. Complete each sentence in the conditional.

Esempio (mangiare) Noi ______ un panino.
(mangiare) Noi mangeremmo un panino.

1. (uscire) Io ______ ma non posso.
2. (scrivere) Noi ______ ma non abbiamo l'indirizzo.
3. (piacere) Vi ______ lavorare in una banca?
4. (andare) Noi ______ al cinema, ma non ci sono film interessanti.
5. (stare) Tu ______ a casa volentieri, perché piove.
6. (fare) Io ______ l'ingegnere, ma non mi piace la matematica.
7. (vivere) I miei genitori ______ volentieri in campagna.
8. (venire) Tu ______ con me questa sera?
9. (essere) Io ______ contento di andare alle Hawaii.
10. (avere) Tu ______ il tempo di telefonarmi?

B. Cosa farebbero? Use the cue to state what the following people would do in each circumstance.

Esempio Luigi e Pino hanno fame. (mangiare una pizza)
Luigi e Pino mangerebbero una pizza.

1. Teresa è in ritardo. (scusarsi)

____

2. Il mio padrone di casa aumenta *(increases)* l'affitto. (io, protestare)

____

3. Noi troviamo un portafoglio. (portarlo alla polizia)

____

4. Tu hai sonno. (andare a dormire)

____

5. Stefano è milionario. (fare il giro del mondo)

____

6. Noi diamo una festa. (invitare tutti gli amici)

____

7. Dobbiamo partire alle sei di mattina. (alzarci presto)

____

8. Luigi ha preso un brutto voto. (studiare di più)

____

Comprensione

CD 5, TRACK 19

A. I vantaggi e gli svantaggi di una professione. Laura is talking with a career counselor at her university about whether to pursue a degree in psychology **(psicologia)** or pediatric medicine **(pediatria).** As you listen to their conversation, underline in the columns below the advantages of the two professions mentioned by the counselor. The first relevant entry has already been underlined for you.

Pediatra	**Psicologa**
<u>lavorerebbe con suo padre</u>	la laurea sarebbe più breve
avrebbe già dei pazienti	non sarebbe sicura di trovare lavoro
finirebbe subito la laurea	farebbe il training in uno studio
riceverebbe un buono stipendio	non guadagnerebbe molti soldi

CD 5, TRACK 20

B. Dove andrebbero? Where would the following people go? Form new sentences using the cues. Then repeat the response after the speaker.

Esempio (Carlo / al mare)
Carlo andrebbe al mare.

1. ______________________
2. ______________________
3. ______________________
4. ______________________

CD 5, TRACK 21

C. Daresti questi consigli a Tommaso? You like your friend Tommaso, but he is far from perfect. Would you tell him what his flaws are to improve your relationship? Form sentences using the cue and following the example. Then repeat the response after the speaker.

Esempio È curioso. (no)
Non glielo direi.

1. ______________________
2. ______________________
3. ______________________
4. ______________________

14.2 Il condizionale passato

Pratica

Che cosa avrebbero fatto i tuoi amici? You know your friends quite well. Indicate what each person would have done in the following circumstances.

Esempio La macchina non funzionava. (Franco / comprare un macchina nuova)
Franco avrebbe comprato una macchina nuova.

1. La banca era ancora chiusa. (Teresa / aspettare)

____

2. Giovanni era ammalato. (i suoi compagni / chiamare il dottore)

____

3. I giornali annunciavano lo sciopero dei treni. (voi / non partire)

____

4. Lisa dava una festa. (le compagne / venire)

____

5. Mio padre arrivava da Roma. (io / andare alla stazione)

____

Nome ______________________________ Data ______________ Classe ______________

Comprensione

CD 5, TRACK 22

A. Che cosa avrebbe fatto Pierino? Pierino is second guessing what his friends have done. Listen as he says what he would have done in the following situations and write in the conditional the verbs that he uses. Each of his statements will be repeated twice.

Esempio You read: Io __________ l'ombrello.
You hear: Piove. Io avrei preso l'ombrello.
You write: Io *avrei preso* l'ombrello!

1. Io ne ____________________ una nuova!
2. Io ____________________ a dormire!
3. Io ____________________ una festa!
4. Io ____________________!
5. Io ____________________ un aumento!
6. Io ____________________ dei fiori!

CD 5, TRACK 23

B. Cosa avresti comprato a Roma? Last summer you and your family were walking down a street in Rome when you saw that a boutique was having a sale. Say what you would have bought if you had the money. Then repeat the response after the speaker.

Esempio (io / una camicetta)
Io avrei comprato una camicetta.

1. ____________________
2. ____________________
3. ____________________
4. ____________________
5. ____________________

CD 5, TRACK 24

C. Anche loro avrebbero fatto la stessa cosa. Listen to the model sentence. Create new sentences using the subject given. Then repeat the response after the speaker.

Esempio Io non mi sarei divertito. (Anna)
Anna non si sarebbe divertita.

1. ____________________
2. ____________________
3. ____________________
4. ____________________
5. ____________________

14.3 Uso di *dovere, potere,* e *volere* nel condizionale

Pratica

A. Cosa dovrebbero fare? What should these people do to solve their problems?

Esempio Teresa ha preso F in italiano. (studiare di più)
Dovrebbe studiare di più.

1. Carlo e Gino sono sempre senza soldi. (spendere meno)

____

2. Io arrivo in classe in ritardo. (alzarsi presto)

____

3. Tu e io mangiamo troppo. (mangiare meno)

____

4. Le due amiche non si parlano. (parlarsi)

____

B. Cosa potrebbero fare? Given these situations, what could the following people do?

Esempio Io ho una piscina. (nuotare)
Potrei nuotare.

1. A me piace la matematica. (iscriversi a ingegneria)

____

2. A Liliana interessa studiare legge. (fare l'avvocatessa)

____

3. Noi abbiamo esperienza con i computer. (specializzarsi in informatica)

____

4. Alcuni lavoratori sono molto bravi. (ricevere una promozione)

____

C. Cosa vorrebbero fare? If these people could have one wish granted, what would they want?

Esempio il professore d'italiano (andare in pensione)
Il professore d'italiano vorrebbe andare in pensione.

1. gli studenti (imparare senza studiare)

____

2. io (diventare milionario[a])

____

3. tu e io (fare un viaggio in Oriente)

____

4. tu (avere una villa in Riviera)

____

D. Che cosa avrebbero dovuto fare? Indicate what the following people should have done to avoid their mistakes.

Esempio Carlo ha avuto un incidente. (guidare con prudenza)
Avrebbe dovuto guidare con prudenza.

1. Ho perduto il portafoglio. (fare attenzione)

____

2. Io e Gianna abbiamo litigato. (essere più tolleranti)

____

3. I miei amici hanno perduto il treno. (arrivare prima alla stazione)

____

4. Sono arrivato a scuola in ritardo. (alzarsi prima)

____

Comprensione

CD 5, TRACK 25

A. I consigli della mamma di Emanuela. Listen to a series of exchanges between Emanuela and her mother. Indicate in each case which modal verb—**dovere, potere,** or **volere**—Emanuela's mother uses in response to her daughter's comment. Each exchange will be repeated twice.

Esempio You hear: Emanuela: Maria non prende dei buoni voti.
Mamma: Dovrebbe studiare di più.
You underline: dovrebbe, potrebbe, vorrebbe

1. dovrebbero, potrebbero, vorrebbero
2. dovrebbe, potrebbe, vorrebbe
3. dovrebbe, potrebbe, vorrebbe
4. dovrebbero, potrebbero, vorrebbero
5. dovresti, potresti, vorresti
6. dovrebbe, potrebbe, vorrebbe

CD 5, TRACK 26

B. Siamo più gentili! Make each statement less forceful by changing the verb from the present to the conditional. Then repeat the response after the speaker.

1. **Esempio** Io devo studiare di più.
Io dovrei studiare di più.

1. ____
2. ____

2. **Esempio** Puoi farmi un favore?
Potresti farmi un favore?

1. ______________________
2. ______________________

3. **Esempio** Voglio andare in vacanza.
Vorrei andare in vacanza.

1. ______________________
2. ______________________

CD 5, TRACK 27

C. Cosa avremmo dovuto fare. Listen to the model sentence. Then form a new sentence by substituting the subject given. Repeat each response after the speaker.

Esempio Avrei dovuto studiare di più. (Giulia)
Giulia avrebbe dovuto studiare di più.

1. ______________________
2. ______________________
3. ______________________
4. ______________________
5. ______________________

14.4 Verbi e espressioni verbali infinito

Pratica

A. Quale preposizione usiamo? Complete each sentence with the appropriate preposition **(a, di, per)** when necessary.

1. Che cosa sai __________ fare?
2. Siamo andati __________ cenare in una pizzeria.
3. Penso __________ svegliarmi presto.
4. In autunno non finisce mai __________ piovere.
5. Pierino continua __________ giocare e non vuole __________ rientrare in casa.
6. Ho finito __________ lavorare e ora posso __________ riposare.
7. Sta __________ nevicare.
8. Ho dimenticato __________ prendere l'ombrello.
9. Spero __________ andare __________ studiare in Italia.
10. Studiamo __________ imparare.

11. Siete stanchi ___________ aspettare?
12. Finalmente sono riusciti ___________ laurearsi.
13. Non è sempre possibile ___________ finire gli studi in quattro anni.
14. Avremmo bisogno ___________ riposarci un po'.
15. Mi dispiace ___________ non potere ___________ aiutarti oggi.
16. Ti prometto ___________ farlo domani.
17. Non ho avuto tempo ___________ fermarmi dal salumiere.
18. Erano contenti ___________ laurearsi, ma avevano paura ___________ non trovare lavoro.

B. Rispondiamo usando la preposizione giusta. Answer each question using a complete sentence.

1. A che ora è andato(a) a dormire Lei ieri sera?

   ____

2. Che cosa ha dimenticato di fare il fine settimana scorso?

   ____

3. Quando spera di finire gli studi?

   ____

4. Che cosa detesta fare?

   ____

5. A che ora ha finito di cenare ieri sera?

   ____

6. Perché continua a studiare?

   ____

C. È necessaria una preposizione? Complete each sentence with the correct preposition, if necessary.

1. Ho voglia ___________ prendere un caffè.
2. Siamo contenti ___________ partire.
3. Incomincio ___________ essere stanca ___________ studiare.
4. Perché continui ___________ farmi le stesse domande?
5. Hanno promesso ___________ aiutarti?
6. È difficile ___________ studiare la sera.
7. Pensi ___________ andare al cinema?
8. Puoi fermarti ___________ comprare il giornale?

9. Preferisci ___________ uscire o stare a casa?
10. Spero ___________ ricevere una lettera da mio padre.
11. Mi ha insegnato ___________ suonare il piano.
12. Mi piacerebbe ___________ fare un viaggio in Italia.

Comprensione

CD 5, TRACK 28

A. Cambiamo il verbo. Listen to the model sentence. Then form a new sentence, using the correct form of the verb provided. Repeat each response after the speaker.

Esempio Luisa sa vestirsi elegantemente. (deve)
Luisa deve vestirsi elegantemente.

1. ______________________________
2. ______________________________
3. ______________________________
4. ______________________________
5. ______________________________

CD 5, TRACK 29

B. Cambiamo ancora il verbo. Listen to the model sentence. Then form a new sentence, using the correct form of the verb provided. Repeat each response after the speaker.

Esempio Incomincio a studiare oggi pomeriggio. (spero)
Spero di studiare oggi pomeriggio.

1. ______________________________
2. ______________________________
3. ______________________________
4. ______________________________
5. ______________________________
6. ______________________________

Nome ________________________________ Data ______________ Classe ______________

CD 5, TRACK 30

Attualità

A. Dettato: La professione di Luigi. Listen as Luigi tells his father about his new job as a lawyer in a legal firm in the center of Milan. You will hear his description the first time at normal speed, a second time more slowly so that you can supply the appropriate forms of the missing verbs in the conditional, and a third time so that you can check your work. Feel free to repeat the process several times if necessary.

Papà, ____________________ vedere il mio nuovo ufficio di avvocato, è in un palazzo elegante nel centro di Milano. ____________________ portarti a vederlo, ti ____________________ molto. Non è molto grande e non c'è una finestra ma è tutto per me. ____________________ uno studio più grande e anche uno stipendio più alto ma il mio capo mi ha detto che ____________________ ricevere presto un aumento se lavoro duramente. I miei colleghi di lavoro sono molto gentili, ____________________ invitarli a cena un sabato sera. La mamma ____________________ molto simpatici. Papà, poiché tu hai dei problemi legali con alcuni dipendenti, il mio collega Mario, che si specializza in diritto *(law)* aziendale, ____________________ darti dei consigli.

L'avvocato Marietti, uno dei soci *(partners)* della ditta, che ha già sessantacinque anni e presto andrà in pensione, mi ha detto che ____________________ alcuni dei suoi clienti. Mi piace molto questa professione anche se so che dovrò lavorare molte ore al giorno.

CD 5, TRACK 31

B. Un colloquio di lavoro. Listen to a part of Luigi Beni's job interview with Mr. Briganti, a senior member of a law firm in Milan. Then complete the following sentences. The interview will be repeated twice.

1. Luigi ha un colloquio di lavoro per la posizione di ____________________.
2. Vorrebbe lavorare a Milano perché ____________________.
3. Questa ditta tratta di diritto ____________________.
4. Luigi potrebbe imparare ____________________.
5. Luigi potrebbe offrire ____________________.
6. Luigi sa di non avere esperienza ma lavorerebbe ____________________.
7. A Luigi piacerebbe ____________________.
8. L'avvocato Briganti dice che Luigi dimostra di ____________________.
9. Luigi dovrà avere un colloquio con ____________________.
10. Luigi riceverà presto una telefonata per ____________________.

Nome ______________________ Data ____________ Classe ____________

Domanda personale

Il colloquio di Luigi con l'avvocato Briganti è stato positivo? Tu hai mai avuto un colloquio di lavoro? Hai avuto un'esperienza positiva o negativa? Spiega con una o due frasi.

____

____

____

Adesso scriviamo *Una domanda di lavoro*

Write una **domanda di lavoro** *(a letter to accompany your resume)* in response to the following job advertisement.

> «Cercasi **ambosessi** *(both men and women)* per lavoro stimolante e interessante. Si richiede massima serietà, **disponibilità** *(availability)* a viaggiare e conoscenza della lingua inglese parlata e scritta. Ottimo stipendio e possibilità di **carriera** *(career)*. FAX 048/556372 TEL.048/556373».

A. Begin by answering the following questions to gather the needed information for your letter.

1. Perché ti interessa questo lavoro?
2. Quali sono i requisiti di questo lavoro? Quali sono i vantaggi?
3. Perché saresti la persona giusta per questo lavoro? Hai i requisiti? Cosa puoi offrire?

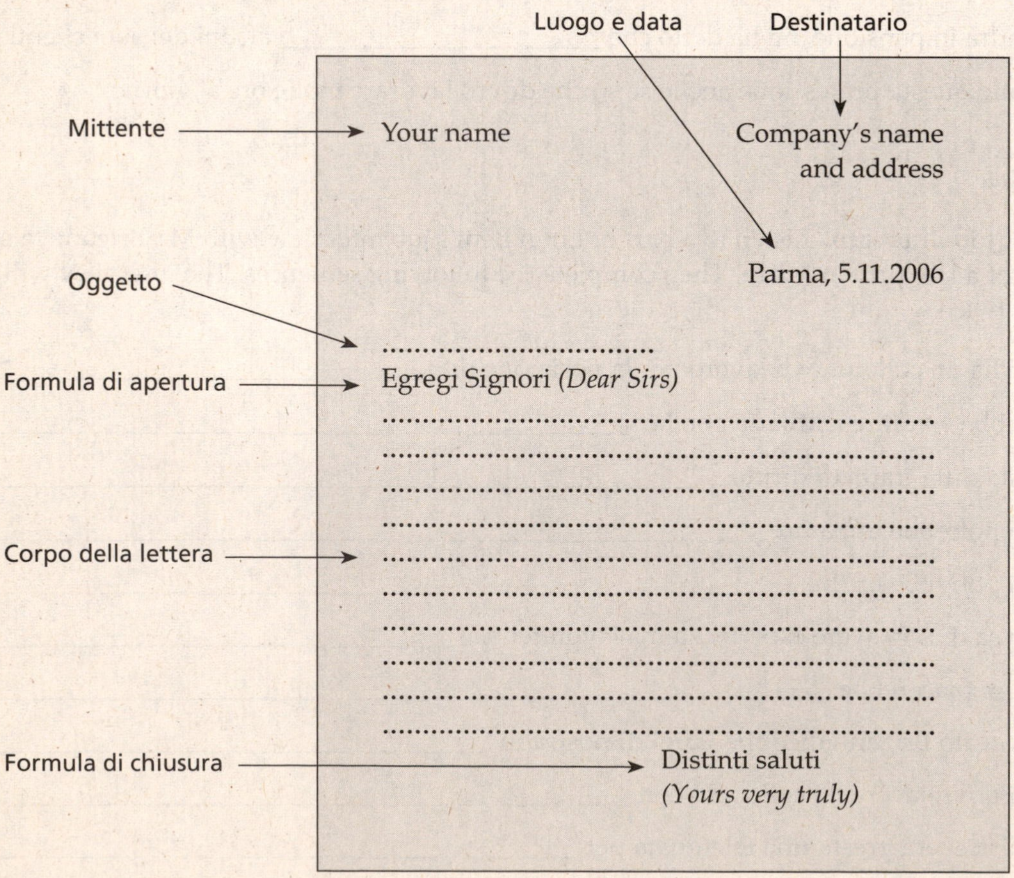

B. Now organize your information, following the example, in three paragraphs. You may start along these lines: **Sono molto interessato(a) a questo posto di lavoro perché...**

C. When you have finished writing your letter, make sure that you have spelled all words correctly and that you have followed the three-paragraph structure of the sample letter.

Vedute d'Italia *Le donne italiane più colte* (educated) *ma con meno lavoro*

A. Prima di leggere. You are about to read information about the condition of Italian women in the workplace. A somewhat paradoxical picture emerges, which is suggested by the title: Italian women are better educated than men but are less able to find jobs. While you read, focus on the statistics provided by a national research center as well as a recent survey. Are you surprised by the results? On the basis of the figures, how would you describe the situation of Italy's working women?

Le donne italiane hanno fatto **passi da gigante** *(giant steps)* negli ultimi trent'anni. Molte donne ora hanno posizioni che anni fa erano esclusivamente maschili: **giudici** *(judges)*, avvocati, direttori di scuola, dirigenti di aziende, medici e senatori. Anche se la situazione sembrerebbe migliorata, in realtà c'è ancora molta strada da fare, come risulta da una recente ricerca fatta dal Centro Nazionale delle Ricerche (CNR). Risulta che anche se le donne sono accademicamente più qualificate, quando cercano lavoro sono **sorpassate** *(outrun)* dagli uomini.

All'università le donne non abbandonano gli studi come gli uomini, solo il 10,3% contro il 15,5%. Più donne finiscono gli studi entro il periodo di tempo previsto: il 10,6% contro il 9% degli uomini. Le donne si laureano più frequentemente con il massimo dei voti: 26,9% contro il 17,7% degli uomini. Questo si verifica non solo nelle discipline umanistiche, ma anche in facoltà come quelle di agraria e ingegneria.

Secondo le ricerche del CNR i problemi nascono quando le donne cercano lavoro, specialmente nel campo scientifico, dove solo il 7% delle donne riesce ad ottenere una posizione importante.

Sono però interessanti i risultati di un sondaggio; alla domanda rivolta al pubblico: Per una posizione di poliziotto, **sindaco** *(mayor)*, ministro, è meglio un uomo o una donna? La risposta sorprendente è stata: è meglio una donna.

B. Alla lettura. Read the paragraph one more time and then complete the following activity indicating if the statements are true **(vero)** or false **(falso)**. Correct any false statements.

1. _____ V _____ F Le donne hanno lavori oggi che non avevano trent'anni fa.

____

2. _____ V _____ F Gli uomini hanno risultati più alti accademicamente.

____

3. _____ V _____ F Più donne finiscono gli studi entro il periodo previsto.

____

4. _____ V _____ F Più uomini si laureano con il massimo dei voti.

____

5. _____ V _____ F Le donne ora si laureano anche in campo scientifico.

____

6. _____ V _____ F Le donne sono assunte meno degli uomini.

____

7. _____ V _____ F Molte donne hanno posizioni importanti in aziende scientifiche.

____

8. _____ V _____ F Gli Italiani preferiscono che siano le donne ad occupare cariche pubbliche.

____

C. Culture a confronto. Sei sorpreso(a) dei risultati della ricerca? Secondo te, perché molti Italiani preferiscono che sia una donna ad occupare una carica pubblica? Sei d'accordo? Spiega la tua risposta con due o tre frasi.

____

____

____

____

Nome ______________________ Data ______________ Classe ______________

CAPITOLO 15

Paesi e paesaggi

Punti di vista Una gita scolastica

CD 5, TRACK 32

Una lezione di geografia sull'Italia. You are going to study in Italy during the summer and plan to travel around the country while you are there. Your Italian teacher is giving you some basic facts about Italy's geography. Listen to the information she provides, which will be repeated twice, then complete the sentences below as appropriate.

1. L'Italia ha ______________ regioni.
2. Ci sono ______________ grandi isole: ______________ e ______________.
3. La Sicilia è l'isola ______________ nel mar Mediterraneo.
4. L'Italia è una ______________.
5. L'Italia confina a nord con ______________, ______________, ______________ e ______________.
6. L'Italia ha più ______________ che pianure.
7. Le due catene di montagne sono: ______________ e ______________.
8. La montagna più alta d'Europa è ______________.
9. La pianura più estesa è ______________.
10. I due vulcani più famosi sono ______________ e ______________.
11. Il Vesuvio è famoso per l'eruzione del 79d.C. che distrusse ______________ e ______________.
12. Il più grande lago d'Europa è ______________.

Studio di parole *Termini geografici*

A. Geografia. To complete the following activity look at the two maps of Italy at the beginning of your textbook.

1. La Sicilia è un'isola o una penisola?

____

2. Quale mare bagna Venezia?

____

3. Come si chiama il lago più grande d'Italia?

____

4. Che cos'è l'Etna? In quale regione si trova?

____

5. Con quali altre regioni confina l'Umbria?

____

6. Qual è il fiume più lungo d'Italia? Quale pianura attraversa?

____

B. Cosa manca? *(is missing?)* Complete the following sentences with the missing nouns and verbs from the chapter's vocabulary.

1. La notte, nel cielo sereno, si vedono ______________ e ______________.
2. L'Italia ______________ con la Francia, la Svizzera, ______________ e ______________.
3. L'Italia è circondata dal Mare ______________.
4. Il contrario di settentrionale è ______________; e il contrario di orientale è ______________.
5. Ischia e Capri sono due isole nel ______________ di Napoli.

Punti grammaticali

15.1 I comparativi

Pratica

A. Impariamo a fare paragoni. Compare the following people, places, and things, using **tanto... quanto, così... come, più... di,** or **meno... di** and the appropriate form of the adjective in parentheses.

1. il fiume Hudson / il fiume Mississippi (lungo)

____

2. i treni / le macchine (veloce)

____

3. il clima di Chicago / il clima di Nuova York (attraente)

____

4. l'Italia / la Svizzera *(Switzerland)* (popolato)

____

5. le donne brune / le donne bionde (interessante)

______

6. un dottore / un professore (ricco)

______

7. i gatti / i cani (fedele *[faithful]*)

______

B. Creiamo una frase comparativa. Restate each sentence, using a comparative and the element in parentheses.

Esempio Il professore parla rapidamente. (io)
Il professore parla più rapidamente di me.

1. I nonni camminano lentamente. (i nipoti)

______

2. Gli Americani votano spesso. (gli Italiani)

______

3. Le indossatrici *(models)* si vestono elegantemente. (le studentesse)

______

4. Dicono che gli Italiani guidano *(drive)* pericolosamente. (gli Americani)

______

C. Rispondiamo usando i comparativi. Answer each question according to the example.

Esempio È ottimista o pessimista Lei?
Sono più ottimista che pessimista o Sono più pessimista che ottimista.

1. È bello(a) o simpatico(a)?

______

2. È romantico(a) o pratico(a)?

______

3. È ricco(a) di soldi o di sogni (dreams)?

______

4. Le piacerebbe vivere in Italia o in Svizzera?

______

5. Le piacerebbe visitare la Spagna o il Portogallo?

______

Comprensione

CD 5, TRACK 33

A. Una scelta difficile. Your friend Tommaso and his wife Giulia want to buy a vacation home and they are comparing two properties. One is in the mountains and one is on the beach. Listen to their statements, which are each repeated twice, and complete the following sentences using appropriate comparative forms.

1. La casetta in montagna è ____________ tranquilla ____________ un appartamento al mare.
2. Le vacanze al mare sono ____________ divertenti e ____________ noiose delle vacanze in montagna.
3. Un appartamento al mare è ____________ grande ____________ una casetta in montagna.
4. Il prezzo di questo appartamento è ____________ conveniente ____________ quello di una casa in montagna.
5. Useremmo un appartamento al mare ____________ ____________ una casa in montagna.
6. La casa in montagna ha ____________ vantaggi ____________ un appartamento al mare.

CD 5, TRACK 34

B. Creiamo nuove frasi comparative. Listen to the model sentence. Then form a new sentence by substituting the cues and making all necessary changes. Repeat each response after the speaker.

1. **Esempio** Tu sei più elegante di me. (lui, generoso)
   Lui è più generoso di me.

   1. ____________________
   2. ____________________
   3. ____________________

2. **Esempio** Papà ascolta meno pazientemente della mamma. (voi)
   Voi ascoltate meno pazientemente della mamma.

   1. ____________________
   2. ____________________
   3. ____________________
   4. ____________________

CD 5, TRACK 35

C. Paragoniamo usando il che. Form a sentence using the cue and following the example. Then repeat the response after the speaker.

Esempio Firenze, artistica / industriale
Firenze è più artistica che industriale.

1. ______________________
2. ______________________
3. ______________________
4. ______________________
5. ______________________
6. ______________________

15.2 I superlativi

Pratica

A. Impariamo il superlativo relativo. Answer each question using the cue and follow the example.

Esempio È un campanile molto alto? (città)
È il campanile più alto della città.

1. È una ragazza seria? (gruppo)
____
2. È una macchina economica? (Stati Uniti)
____
3. È un ristorante caro? (città)
____
4. Sono dei bambini tranquilli? (scuola)
____
5. È un lavoro faticoso? (giornata)
____
6. È un giorno felice questo? (mia vita)
____
7. Sono dei bei ricordi *(memories)*? (liceo)
____
8. È lungo il fiume Po? (fiumi italiani)
____

B. Impariamo il superlativo assoluto. Complete each sentence according to the example.

Esempio È una scelta difficile; anzi *(indeed)*, difficilissima.

1. Ho conosciuto un ragazzo simpatico; anzi, ____________________.
2. Mi piace il tè dolce; anzi, ____________________.
3. Lui fa un mestiere semplice; anzi, ____________________.
4. Lei si è alzata presto; anzi, ____________________.
5. Vengono a trovarci spesso; anzi, ____________________.
6. Mi hanno detto che è ricco; anzi, ____________________.
7. È una donna giovane; anzi, ____________________.
8. La nostra penisola è bella; anzi, ____________________.
9. Le eruzioni (eruptions) dell'Etna sono pericolose; anzi, ____________________.

Comprensione

CD 5, TRACK 36

A. Quale superlativo? Listen as the students in an Italian class talk about various geographical curiosities in Italy. Indicate which **superlativo relativo** is used in each of their statements, which will be repeated twice.

Esempio Your hear: Il fiume Po è il più lungo d'Italia.
You underline: il più, la più, i più, le più

1. il più, la più, i più, le più
2. il più, la più, i più, le più
3. il più, la più, i più, le più
4. il più, la più, i più, le più
5. il più, la più, i più, le più
6. il più, la più, i più, le più

CD 5, TRACK 37

B. Cambiamo l'aggettivo. Listen to the model sentence. Then form a new sentence using the adjective or noun given, as indicated in the example. Make all necessary changes. Repeat the response after the speaker.

1. **Esempio** brava
Era la ragazza più brava della classe

1. ____________________
2. ____________________
3. ____________________
4. ____________________

2. Esempio l'isola / bella
L'isola è bellissima.

1. ______________________
2. ______________________
3. ______________________
4. ______________________
5. ______________________

CD 5, TRACK 38

C. Formiamo domande con il superlativo relativo. Gina's parents are asking her questions about her girlfriends. Re-create each question, using the adjective given. Then repeat the response after the speaker.

Esempio giovane
Chi è la più giovane del gruppo?

1. ______________________
2. ______________________
3. ______________________
4. ______________________
5. ______________________

15.3 Comparativi e superlativi irregolari

Pratica

A. Usiamo gli aggettivi comparativi irregolari. Complete each sentence by using **migliore, peggiore, maggiore,** or **minore.**

1. È Natale, ma Dino Ricci è disoccupato; per lui è il ______________ periodo dell'anno.
2. Marino ha ventitré anni e Marta ne ha diciotto: Marta è ______________ di Marino di cinque anni.
3. Tutti considerano Dante il ______________ scrittore italiano.
4. Liliana è una studentessa che ha ricevuto tutti A, cioè i voti ______________.
5. Ho tante preoccupazioni, ma questa non è certamente la più grave; è anzi la ______________.
6. Sono il più giovane della famiglia; ho tre sorelle ______________, tutte sposate.
7. Tutti conoscono la gelateria «Priori»: è la ______________ della città.
8. Quali sono i posti ______________ per fare il campeggio?

B. Usiamo gli avverbi comparativi irregolari. Complete each sentence with **meglio, peggio, di più,** or **di meno.**

1. Dopo alcune ore di riposo dovrei stare ____________________ e invece sto ____________________ di prima.
2. Lo vediamo tutti i giorni in piscina: è inutile domandargli quale sport gli piace ____________________.
3. Il pover'uomo vorrebbe lavorare ____________________, ma deve invece guadagnare ____________________, perché ha tre figli all'università.
4. Se studiate ____________________, sono sicuro che imparerete qualcosa.
5. Siete d'accordo con il proverbio che dice: «È ____________________ vivere un giorno da leone che cent'anni da pecora *(sheep)*»?

C. Impariamo i superlativi irregolari. Write the response to each statement, using the absolute superlative of the underlined adjective or adverb.

Esempio Mi sembra una <u>buona</u> occasione.
Hai ragione! È un'ottima occasione!

1. Non vorrei vivere nella pianura Padana: il clima è <u>cattivo</u>.

____

2. Devo dire che Luisa è una <u>brava</u> ragazza.

____

3. Quel ragazzo mostra la più <u>grande</u> indifferenza per tutto.

____

4. Si mangia <u>bene</u> in questa trattoria!

____

5. Questi spaghetti sono veramente <u>buoni</u>.

____

6. Si guadagna <u>poco</u> con la professione dell'insegnamento.

____

Nome ______________________ Data ____________ Classe ____________

Comprensione

CD 5, TRACK 39

A. A cena a casa di Ivo. You are visiting your friend Ivo in Naples. As you listen to each of his statements, write down which form of the **comparativo** or **superlativo irregolare** you hear. Each statement will be repeated twice.

Esempio You hear: Io sono il maggiore nella mia famiglia, ho un fratello più giovane.
You write: *il maggiore*

1. ______________________
2. ______________________
3. ______________________
4. ______________________
5. ______________________
6. ______________________

CD 5, TRACK 40

B. Domande sulle cose migliori della città. Imagine that you're new in town and are asking about the best places. Use the cue and follow the example to ask each question. Then repeat the question after the speaker.

Esempio ristorante
Qual è il migliore ristorante della città?

1. ______________________
2. ______________________
3. ______________________
4. ______________________
5. ______________________

CD 5, TRACK 41

C. Le mie cose sono peggiori delle tue. Tiziana is depressed and is developing an inferiority complex, which becomes evident in her conversation with friends. Use the cues and follow the example to re-create each of her statements. Then repeat each statement after the speaker.

Esempio macchina
La mia macchina è peggiore della tua.

1. ______________________
2. ______________________
3. ______________________
4. ______________________

15.4 Uso dell'articolo determinativo

Pratica

Complete each sentence using the definite article (with or without preposition).

1. Ti piacciono ______________ film con Jack Nicholson?
2. È vero che ______________ salute e ______________ buon senso sono le cose più importanti del mondo?
3. ______________ violenza sembra essere uno dei temi preferiti ______________ televisione americana.
4. Sei a favore ______________ servizio militare per ______________ donne?
5. Quand'è il tuo compleanno? —È ______________ 26 aprile.
6. Jane è nata ______________ 1945, ______________ Kansas.
7. Andremo tutti a Roma ______________ quindici di questo mese.
8. ______________ primavera è la stagione più bella dell'anno.
9. I bambini si sono lavati ______________ faccia.
10. Ti piacciono ______________ bambini? —Sì, moltissimo.
11. La ragazza aveva ______________ occhi blu e ______________ capelli biondi.
12. Madrid è la capitale ______________ Spagna.
13. Tim viene ______________ Stati Uniti, e precisamente, ______________ California.
14. In autunno visiteremo ______________ Massachusetts e ______________ Vermont.
15. ______________ Giappone è un paese molto industriale.

Comprensione

CD 5, TRACK 0

A. Formiamo frasi usando gli articoli. Form a sentence using the cue and following the example. Then repeat the response after the speaker.

Esempio (vita / difficile)
La vita è difficile.

1. ______________________________
2. ______________________________
3. ______________________________
4. ______________________________
5. ______________________________
6. ______________________________

CD 5, TRACK 0

B. Ancora gli articoli. Ask your friend about his preferences. Start each question with **preferisci** and complete it by using the cues. Then repeat the response after the speaker.

Esempio (tè / caffè)
Preferisci il tè o il caffè?

1. ______________________
2. ______________________
3. ______________________
4. ______________________
5. ______________________
6. ______________________

CD 5, TRACK 0

C. Gli articoli e la geografia. Pierino is taking a geography test. Use the cue and follow the examples to re-create each answer. Then repeat the response after the speaker.

Esempio (Francia / Europa occidentale)
La Francia è nell'Europa occidentale.

1. ______________________
2. ______________________
3. ______________________
4. ______________________
5. ______________________
6. ______________________
7. ______________________

CD 5, TRACK 42

Attualità

A. Dettato: La Sicilia. Listen as your friend Federico gives you information about the region where he's from, **la Sicilia.** You will hear his description the first time at normal speed, a second time more slowly so that you can supply the appropriate forms of the missing vocabulary, and a third time so that you can check your work. Feel free to repeat the process several times if necessary.

La Sicilia non è solo ______________________ nel mar Mediterraneo ma è anche ______________________ estesa *(wide)* d'Italia, ed è bagnata *(touched)* da tanti ______________________: il Tirreno, lo Ionio e dal Canale di Sicilia.

E' anche circondata da molte ______________________: le Eolie, Ustica, le Egadi, Marsala, le Pelagie e Pantelleria. La Sicilia è una regione con più ______________________ che ______________________ o ______________________. C'è anche il ______________________ che, con i suoi 3.263 metri è ______________________ attivo d' Europa. La regione è una delle ______________________ produttrici di vini, olive, arance, cotone, tabacco, cereali e frutta. Esiste anche un ______________________ allevamento di bovini *(cattle breeding).*

La Sicilia è luogo di ______________________ turismo per le ______________________ bellezze ______________________ ed archeologiche come i templi di Agrigento e la ______________________ città di Taormina.

CD 5, TRACK 43

B. Due città a confronto. Carlo is from Bologna and his friend Elisabetta is from Florence. Elisabetta has been studying for an exam, but has digressed to discuss their hometowns. Listen to their conversation, which will be repeated twice, then indicate whether the statements below are true **(V)** or false **(F).** Correct any false statements.

1. _____ V _____ F Firenze e Bologna sono due città molto diverse.

____

2. _____ V _____ F Le storie delle due città sono simili.

____

3. _____ V _____ F Parlano lo stesso dialetto.

____

4. _____ V _____ F Ci vuole un'ora per arrivare a Bologna da Firenze.

____

5. _____ V _____ F Sono divise dalle montagne.

____

6. _____ V _____ F Lo sviluppo economico fu simile.

____

7. _____ V _____ F Firenze è famosa per le banche.

____

8. _____ V _____ F Bologna è famosa per l'università.

____

9. _____ V _____ F L'università di Bologna è la più antica d'Italia.

____

10. _____ V _____ F Bologna è uno dei centri culturali più importanti d'Italia.

____

Adesso scriviamo *Il mio Paese*

You friend Ivo is coming to visit you from Naples, Italy. Send him an email describing the features of your state.

A. To organize your thoughts for a three-paragraph description, answer the following questions.

Informazioni geografiche:

1. Quale Stato descrivi? Quante ore o giorni ci vogliono per attraversare il tuo Stato?
2. Con quali altri paesi o mari confina?
3. Ha una catena di montagne? Come si chiama?
4. Quali sono i fiumi e i laghi più importanti?
5. Ci sono vulcani?

Città:

1. Quali sono le città più importanti?
2. Ci sono porti?

Attrazioni:

1. È visitato da turisti? Perché?
2. Che cosa ti piace in modo particolare del tuo stato?
3. Inviteresti il tuo amico Ivo a visitare qualche posto particolare?

B. Now organize your answers in three paragraphs. You may follow these examples to begin each of your paragraphs:

1. **Voglio descriverti lo stato dell'Arizona…**
2. **Le città più importanti sono Phoenix, Tucson e Flagstaff. Io preferisco Flagstaff perché fa più fresco.**
3. **Lo stato dell'Arizona è molto visitato dai turisti perché c'è il Grand Canyon.**

C. Double check your completed message. Make sure you have spelled all words correctly and that you have used the correct forms of the geographical terms you have learned in this chapter.

Nome ______________________ Data ______________ Classe ______________

Vedute d'Italia *Una guida turistica*

A. Prima di leggere. You are about to read an excerpt from a travel guide that describes some interesting, less-well-known parts of southern Italy: **le Eolie,** a group of islands off Sicily, **il Gargano** in Puglia, **la Sila** in Calabria. Before you read look at the map of Italy in the front of your textbook to locate Sicily, Puglia, and Calabria. Why do you think tourists are attracted to these areas?

Le isole Eolie

Le isole Eolie sono di origine vulcanica. Sono dei vulcani usciti dall'acqua circa 700.000 anni fa. Le isole sono sette: Lipari, la più grande, ha un'area di circa 37 chilometri, e la più piccola di circa 3 chilometri e mezzo. Per molti anni queste isole sono rimaste disabitate per le frequenti eruzioni vulcaniche. Oggi l'economia delle isole si basa sull'agricoltura, sull'industria mineraria e, sopratutto, sul turismo. Negli ultimi 50 anni il boom turistico ha portato il benessere nelle isole Eolie. Infatti molti turisti visitano le isole non solo per le loro bellezze naturali, ma anche per il benessere che derivano dalle cure dei bagni termali e dei **fanghi** *(mud-bath)*. Nel 2000 le isole Eolie sono state dichiarate patrimonio culturale dell'umanità dall'UNESCO.

Il Gargano

Il Gargano è una penisola nella regione Puglia che si protende nel Mar Adriatico. Il Gargano è un angolo stupendo della regione ed è anche un parco nazionale. Ci sono coste bellissime, **scogliere** *(cliffs)*, e lagune profonde e azzurrissime. Quest'area è anche conosciuta per i suoi luoghi spirituali: Monte Sant'Angelo e San Giovanni Rotondo, posti che numerosi **pellegrini** *(pilgrims)* visitano ogni anno in cerca di purificazione.

La Sila

La Sila è in Calabria. È un vasto altopiano ricco di boschi con una **fitta** *(thick)* vegetazione e una grande varietà di alberi. Oltre ai boschi ci sono **praterie** *(prairies)* e **pascoli** *(meadows)* con laghi e **torrenti** *(cricks)*. La Sila è un'area stupenda che ha conservato la bellezza suggestiva del passato, con la presenza di vari animali selvatici, incluso il **lupo** *(wolf)* appenninico.

B. Alla lettura. Read each paragraph one more time and complete the following activity by supplying the missing information.

1. Le isole Eolie sono di origine ______________________.
2. Queste isole non furono *(were)* abitate per ______________________.
3. Oggi l'economia delle isole si basa su ______________________.
4. Il boom turistico ha portato ______________________.
5. I turisti visitano le isole per… ma anche per ______________________.
6. Il Gargano è nella regione ______________________.
7. Il Gargano è un angolo stupendo ed è anche ______________________.
8. Il Gargano è anche conosciuto per ______________________.
9. La Sila è un vasto ______________________.
10. I boschi hanno una grande ______________________.
11. La Sila ha conservato ______________________.
12. Ci sono molti animali selvatici, compreso ______________________.

C. Culture a confronto. Quale di queste tre regioni ti piacerebbe visitare di più? Perché?

____

____

____

____

CAPITOLO 16
Gli sport

Punti di vista Giovani sportivi

CD 6, TRACK 2

A quale partita preferisci andare? It's Saturday afternoon and you and a friend have decided to go to a sporting event. Listen to the listing of weekend events on the university radio station, then complete the chart below. Some information has already been filled in, as an example. The radio announcements will be repeated twice. Which game will you decide to watch?

Sport	dove?	quando?
1. *basket*		
2.		*domenica alle 7 di sera*
3.	*stadio Rossaghe di Parma*	

A quale evento ti piacerebbe andare? Spiega con una o due frasi perché.

____

____

____

Studio di parole *Attività sportive*

A. Gioco di abbinamento. Choose the correct match for the definitions on list B for the vocabulary on list A.

A

1. _______ la palestra
2. _______ il tifoso, la tifosa
3. _______ la squadra
4. _______ la partita
5. _______ l'allenatore, l'allenatrice
6. _______ il calcio
7. _______ la pallavolo
8. _______ il ciclismo
9. _______ l'atleta
10. _______ il premio

B

a. Una persona che fa il tifo per una squadra o un giocatore.
b. Per questo sport ci vogliono undici giocatori per squadra.
c. L'edificio dove una persona si allena.
d. Si prende se si vince.
e. La persona che pratica uno sport.
f. Per questo sport è necessario avere una bicicletta.
g. Quando due squadre si incontrano giocano una…
h. Per questo sport ci vogliono sei giocatori per squadra, una rete e una palla.
i. La persona che prepara gli atleti.
j. Quando i giocatori giocano insieme formano una…

B. Indovinello. Indicate for which sports these things are necessary.

1. gli scarponi ______________________
2. i pattini ______________________
3. una piscina ______________________
4. un canestro ______________________
5. una rete ______________________
6. due porte ______________________
7. un cavallo ______________________
8. una bici ______________________
9. una racchetta ______________________
10. una canoa ______________________

Punti grammaticali

16.1 I pronomi relativi e i pronomi indefiniti

Pratica

A. Ai giochi olimpici. Some spectators are talking. Link each pair of sentences by using **che.**

Esempio Quello è l'allenatore. Ha allenato gli Azzurri.
Quello è l'allenatore che ha allenato gli Azzurri.

1. Ecco una ciclista italiana. È molto brava.

____

2. Il ciclismo è uno sport. Mi piace molto.

____

3. Ha visto la squadra di pallacanestro? Ha vinto la partita.

____

4. Quelle sono le atlete canadesi. Partecipano ai giochi di domani.

____

B. Impariamo ad usare *cui*. Complete each sentence using **cui** and the appropriate preposition.

Esempio Ecco la ragazza __________ Pietro esce.
Ecco la ragazza *con cui* Pietro esce.

1. Questo è il libro ______________________ ti parlavo.
2. Sono gli amici ______________________ noi andiamo a sciare.

3. Ti dirò le ragioni ____________________ voglio partire.
4. Milano è la città ____________________ Lorenzo viene.
5. Ecco la casa ____________________ abbiamo abitato per dieci anni.
6. Franco è l'amico ____________________ ho telefonato.
7. Ecco il professore ____________________ devo parlare.
8. Come si chiama la ragazza ____________________ Gino esce?

C. Hai conosciuto alcune persone in Europa? Gianni wants to know if you met some of the following people while you were in Europe. Answer by replacing **qualche** with **alcuni** or **alcune.**

Esempio Hai conosciuto qualche attore famoso?
Sì, ho conosciuto alcuni attori famosi.

1. Hai conosciuto qualche attrice famosa?

____

2. Hai conosciuto qualche istruttore di tennis?

____

3. Hai conosciuto qualche campionessa di nuoto?

____

4. Hai conosciuto qualche atleta famoso?

____

D. Usiamo *qualcuno che.* Answer each question by using **qualcuno che** and the cue.

Esempio Chi è un atleta? (fa dello sport)
È qualcuno che fa dello sport.

1. Chi è un ciclista? (corre in bicicletta)

____

2. Chi è un tifoso? (è appassionato di sport)

____

3. Chi è un giocatore? (gioca una partita)

____

4. Chi è un allenatore? (allena gli atleti)

____

E. Usiamo *qualcosa*. Answer each question by using **qualcosa** and the adjective in parentheses.

Esempio Che cosa hai fatto? (bello)
Ho fatto qualcosa di bello.

1. Che cosa hai mangiato? (buono)

   ____

2. Che cosa hai letto? (interessante)

   ____

3. Che cosa hai ascoltato? (divertente)

   ____

4. Che cosa hai visto? (spettacolare)

   ____

F. Quale usiamo? Complete each sentence with one of the following words: **quello che, ognuno, tutti, ogni, tutto.**

1. Andate all'università ____________________ i giorni?
2. Puoi venire a casa mia ____________________ giorno.
3. ____________________ volta che il professore mi incontra, mi saluta.
4. Ora so ____________________ dobbiamo fare!
5. Ieri ho studiato ____________________ il giorno.
6. Abbiamo invitato ____________________ gli amici.
7. ____________________ ha il diritto di essere felice.

Comprensione

CD 6, TRACK 3

A. *Chi, che* o *cui*? You have been out of town and your roommate Antonio is updating you about what went on while you were gone. Listen to Antonio's statements, which will each be repeated twice, and indicate which relative pronoun is used.

Esempio You hear: La macchina, che ho comprato ieri, è il nuovo modello della Fiat.
You underline: chi, che, cui

1. chi, che, cui
2. chi, che, cui
3. chi, che, cui
4. chi, che, cui
5. chi, che, cui
6. chi, che, cui

CD 6, TRACK 4

B. Tutto, tutti, qualcosa e qualcuno? Your friend Elisabetta is organizing an end-of-semester party at her house. Listen to her statements, which will each be repeated twice, and indicate if she says **tutto** or **tutti, qualcosa** or **qualcuno.** Sometimes there may be more than one of these words in a sentence.

Esempio You hear: Mario ha detto che tutti portano qualcuno.
You underline: tutto, <u>tutti</u>, qualcosa, <u>qualcuno</u>.

1. tutto, tutti, qualcosa, qualcuno
2. tutto, tutti, qualcosa, qualcuno
3. tutto, tutti, qualcosa, qualcuno
4. tutto, tutti, qualcosa, qualcuno
5. tutto, tutti, qualcosa, qualcuno
6. tutto, tutti, qualcosa, qualcuno

CD 6, TRACK 5

C. Usiamo *alcuni* e *alcune*. Your friend Marco is asking if you know some of the following people. Answer using **alcuni** or **alcune.** Then repeat the response after the speaker.

Esempio Conosci qualche giocatore di calcio?
Sì, conosco alcuni giocatori di calcio.

1. ______________________________
2. ______________________________
3. ______________________________
4. ______________________________

CD 6, TRACK 6

D. Che cosa fanno queste persone? Explain what the following people do. Then repeat the response after the speaker.

Esempio Chi è un venditore? (vende)
È qualcuno che vende.

1. ______________________________
2. ______________________________
3. ______________________________
4. ______________________________

16.2 Espressioni negative

A. Rispondiamo con *niente* e *nessuno*. Answer each question in the negative, using **niente** or **nessuno.**

Esempi Chi hai visto oggi? *Non ho visto nessuno.*
Cosa hai mangiato? *Non ho mangiato niente.*

1. Chi è venuto?

____

2. Cosa hai comprato?

____

3. Con chi hai parlato?

____

4. Cosa hai dimenticato?

____

5. Chi hai incontrato al caffè?

____

6. Cosa hai detto?

____

B. Rispondi che non l'hai mai fatto! Your roommate is accusing you of being forgetful. Defend yourself by saying you never did the things you're accused of doing.

Esempio Tu dimentichi sempre le chiavi!
Io non ho mai dimenticato le chiavi!

1. Tu lasci sempre la porta aperta!

____

2. Tu perdi sempre le chiavi di casa!

____

3. Tu fai delle telefonate di un'ora!

____

4. Tu chiudi fuori il gatto!

____

5. Tu paghi il conto del telefono in ritardo!

____

Comprensione

CD 6, TRACK 7

A. ***Niente* o *nessuno*?** Last night Marco went to Liliana's birthday party. His roommate Alberto did not go because he was ill, and he is asking Marco about the event. As you listen, indicate which word—**niente** or **nessuno**—is used in each exchange, which will be repeated twice.

Esempio You hear: Alberto: Hai visto qualcuno che conosco?
Marco: No, non ho visto nessuno che conosci.
You underline: niente, nessuno

1. niente, nessuno
2. niente, nessuno
3. niente, nessuno
4. niente, nessuno
5. niente, nessuno
6. niente, nessuno

CD 6, TRACK 8

B. Usiamo *nessuno*. Answer each question in the negative using **nessuno.** Then repeat the response after the speaker.

Esempio Ha telefonato qualcuno?
Non ha telefonato nessuno.

1. ______________________
2. ______________________
3. ______________________
4. ______________________
5. ______________________

CD 6, TRACK 9

C. Usiamo *niente*. Lisa wants to know what you did during your vacation, but unfortunately you did nothing. Answer each question in the negative. Then repeat the response after the speaker.

Esempio Hai fatto qualcosa?
Non ho fatto niente.

1. ______________________
2. ______________________
3. ______________________
4. ______________________

CD 6, TRACK 10

D. Usiamo *neanche.* Not many people came to Jim's party because he sent the invitations too late. Tina wants to know who was there. Answer the questions, following the example. Then repeat the response after the speaker.

Esempio È venuto Tommaso?
Non è venuto neanche Tommaso.

1. ______________________________
2. ______________________________
3. ______________________________
4. ______________________________

16.3 Il passato remoto

A. Riconosciamo il passato remoto. Underline the verbs in the **passato remoto** tense.

In una piccola città di provincia un contadino festeggiava il suo centesimo compleanno. Un giornalista andò a casa sua per intervistarlo. Voleva conoscere il segreto della sua longevità.

—Qual è il segreto di una lunga vita? domandò il giornalista al contadino. Il contadino, che si sentiva importante, pensò un po' e poi rispose:

—È molto semplice: non fumo, vado a letto presto la sera e, soprattutto, non bevo vino. Non ho mai bevuto una goccia di vino in tutta la mia vita: ecco il segreto. Mentre i due uomini parlavano, si sentì un gran rumore che veniva dalle scale.

—Che cosa succede? chiese il giornalista.

—Oh, non è niente, disse il contadino, è mio padre che ritorna a casa ubriaco tutte le sere.

B. Cambiamo al passato remoto. Change the verbs in the following paragraph from the **passato prossimo** to the **passato remoto.**

L'anno scorso Bob (ha fatto) ______________ un viaggio in Europa perchè voleva visitarla. Quando (è arrivato) ______________ in Italia, (ha trovato) ______________ che il paese era bello e che la gente era cordiale. Così Bob (ha deciso) ______________ di restarci tutta l'estate, perchè l'Italia gli piaceva. (Ha affittato) ______________ a Firenze una camera che non gli costava molto.

Un giorno Bob (ha incontrato) ______________ un ragazzo che si chiamava Pietro. Insieme (hanno incominciato) ______________ un lungo viaggio attraverso l'Italia. Una mattina, mentre facevano l'autostop, (hanno visto) ______________________ una bella ragazza bionda. Bob e Pietro (si sono avvicinati) ______________________ e (hanno domandato) ______________________ dove andava. Lei (ha risposto) ______________________ che desiderava visitare il paese. Da quel momento i tre (hanno continuato) ______________________ il viaggio insieme.

Comprensione

CD 6, TRACK 11

A. La storia di Pallino. Listen as Paolo's grandmother reads him a bedtime story about his favorite character, *Pallino.* Make a list of all the verbs in the **passato remoto** that you hear; some sentences include more than one verb. After you have made your list, write out the infinitive form of each verb as well as the corresponding form in the **passato prossimo** tense. The story will be repeated twice. There are 8 verbs conjugated in the **passato remoto,** one is given as an example.

Esempio You hear: decise
You write: decise, decidere, ha deciso

1. ____
2. ____
3. ____
4. ____
5. ____
6. ____
7. ____

CD 6, TRACK 12

B. Usiamo il passato remoto. Listen to the model sentence. Then form a new sentence by substituting the subject given and making all necessary changes. Repeat the response after the speaker.

1. **Esempio** Io non parlai con nessuno. (Lui)
Lui non parlò con nessuno.

1. ____
2. ____
3. ____
4. ____
5. ____

2. **Esempio** Io partii a mezzanotte. (Marco)
Marco partì a mezzanotte.

1. ______________________
2. ______________________
3. ______________________
4. ______________________
5. ______________________

16.4 Il gerundio e la forma progressiva

Pratica

A. Usiamo *stare* + il gerundio. Write a sentence using **stare** plus the gerund of the verb in parentheses.

Esempio (mangiare/io)
Sto mangiando.

1. (recitare/noi)
____
2. (fare la spesa/voi)
____
3. (dire la verità/Franco)
____
4. (bere un caffè/io)
____
5. (andare alla stazione/noi)
____
6. (venire dall'ufficio/tu)
____
7. (mettere in ordine la camera/loro)
____

B. Impariamo a scrivere frasi al passato. Write sentences using **stare** plus the gerund, according to the example.

Esempio (mentre noi / camminare, abbiamo visto Diana)
Mentre noi stavamo camminando, abbiamo visto Diana.

1. mentre voi / prendere un caffè, è arrivato Paolo
____
2. quando noi / uscire, si è messo a piovere
____
3. mentre io / ascoltare il telegiornale, Mimmo ha telefonato
____

4. poiché loro / mangiare, non siamo entrati

____

5. mentre l'attore / entrare in scena, è caduto

____

C. Usiamo il gerundio. Replace the subordinate clause with the gerund form of the verb.

Esempio Mentre passeggiava, ha incontrato Davide.
Passeggiando, ha incontrato Davide.

1. Mentre sciava, si è rotta una gamba.

____

2. Poiché non trovavamo la strada, ci siamo fermati tre volte.

____

3. Poiché avevamo tempo libero, abbiamo visitato un museo.

____

4. Poiché avevo fretta, non ho fatto colazione.

____

5. Poiché era in ritardo, si è scusato.

____

6. Quando ha perduto il lavoro, ha perduto anche la casa.

____

D. Usiamo l'infinito. Replace the underlined words with the corresponding infinitive.

Esempio <u>Il riposo</u> è necessario.
Riposare è necessario.

1. <u>Lo studio</u> è utile.

____

2. <u>Il gioco</u> è piacevole.

____

3. <u>Il fumo</u> fa male alla salute.

____

4. <u>Il lavoro</u> stanca.

____

5. <u>Il nuoto</u> sviluppa i muscoli.

____

E. L'infinito o il gerundio? Complete each sentence, choosing between the gerund and the infinitive.

1. *(walking)* ______________________ per la strada, abbiamo incontrato Marco.
2. *(walking)* ______________________ fa bene alla salute.
3. *(reading)* ______________________ io ho imparato molte cose utili.
4. *(reading)* ______________________ è utile e istruttivo.
5. *(thinking)* ______________________ a mio padre, ho pensato a molti momenti felici.
6. *(thinking)* ______________________ nobilita lo spirito.
7. *(running)* ______________________, sono caduto.
8. *(running)* ______________________ rinforza i muscoli.
9. *(living)* ______________________, s'imparano molte cose.
10. *(living)* ______________________ in questa città è molto costoso.

Comprensione

CD 6, TRACK 13

A. Che cosa stanno facendo i familiari di Anna? Anna is indicating what everyone in her family is doing on a Saturday evening. Listen to her statements and write down the verbs in the **presente progressivo** that you hear. After your list is complete, write beside each verb the corresponding present tense form. Each of Anna's statements will be repeated twice.

Esempio You hear: La nonna sta preparando la torta per domani.
You write: sta preparando, prepara

1. ______________________
2. ______________________
3. ______________________
4. ______________________
5. ______________________
6. ______________________

CD 6, TRACK 14

B. I consigli del padre. A father is giving his son some advice. Listen to the model sentence. Then form a new sentence by substituting the verb given. Repeat the response after the speaker.

Esempio Sbagliando, s'impara. (studiare)
Studiando, s'impara.

1. ______________________
2. ______________________
3. ______________________
4. ______________________
5. ______________________
6. ______________________
7. ______________________

CD 6, TRACK 15

C. Hai troppo da fare e non puoi uscire. Paola wants to know if you can go out with her, but you can't go because you're too busy. Form a sentence using the gerund of the verb given. Then repeat after the speaker.

Esempio Sto mangiando. (studiare)
Sto studiando.

1. ______________________________
2. ______________________________
3. ______________________________
4. ______________________________
5. ______________________________

CD 6, TRACK 16

D. Usiamo il gerundio. Restate each sentence, using the gerund and replacing the noun with a pronoun. Then repeat the response after the speaker.

Esempio Aspettiamo i nostri amici.
Stiamo aspettandoli.

1. ______________________________
2. ______________________________
3. ______________________________
4. ______________________________

CD 6, TRACK 17

Attualità

A. Dettato: La famiglia di Elisabetta è molto sportiva. Listen as Elisabetta describes her family's sports preferences. You will hear her description the first time at normal speed, a second time more slowly so that you can supply the missing words, and a third time so that you can check your work. Feel free to repeat the process several times if necessary.

Mio padre non pratica ______________ sport ma ogni domenica guarda la ______________ di ______________ alla tv. Alla mia mamma piace giocare a ______________ con le amiche e qualche volta pratica l'______________ con me nel parco. Mio fratello Paolo è un grande ______________, gioca a ______________ tutti i sabati e pratica l'______________ due volte alla settimana. Mio fratello maggiore Lorenzo ama gli ______________ pericolosi e preferisce fare l'______________ in montagna e poi scendere usando una specie di paracadute, questo sport è chiamato ______________. La mia sorellina Marta gioca a ______________ il sabato, io invece pratico il ______________, non è uno ______________ tipico per le donne ma è uno sport molto ______________ in Europa.

CD 6, TRACK 18

B. Qual è il migliore sport? Antonio and his friend Marcello are discussing the advantages and disadvantages of soccer, baseball, and basketball. Listen to their conversation, which will be repeated twice, then answer the following questions.

1. Qual è lo sport preferito di Antonio?

____

2. Chi può giocare a calcio e dove?

____

3. Che cosa è sufficiente per giocare a calcio?

____

4. In quali posti si può giocare a calcio?

____

5. Che sport preferisce Marcello?

____

6. Com'è il baseball?

____

7. Che cosa è necessario fare per giocare bene a baseball?

____

8. Qual è un altro sport molto popolare in Italia?

____

9. Dove si trovano i campi di basket?

____

10. Dove si gioca il basket d'inverno?

____

Adesso scriviamo *Un'intervista sportiva*

You have to write a report for your fitness course about local young people's sports preferences. Interview one of your classmates and take notes so that you can include the information in your report.

A. Begin by asking your classmate to answer the following questions.

1. Qual è il tuo sport preferito? Da quanto tempo pratichi o segui questo sport?
2. Perché ti piace questo sport?
3. Quanto spesso lo pratichi o guardi?
4. È popolare nel tuo paese? Se non è popolare, quali sport lo sono?

B. Now write three paragraphs about young people's sport preferences where you live.

1. Your first paragraph can be an introduction. Indicate whether or not sports are important generally where you live and provide some specific examples.

   Lo sport è molto importante nella mia città Phoenix. Ci sono molte squadre di baseball famose come i Diamondbacks in baseball.

2. Include in a second paragraph the information you gathered in questions 1–3 above, when you interviewed your classmate.

   Lo sport preferito di… è l'hockey. Gioca nella squadra della mia scuola e segue le partite dei Coyotes…

3. In your concluding paragraph, tell what you learned regarding the fourth question. Is your friend's favorite sport popular in your area? Why, or why not? If not, what sports are popular?

   Lo sport dell'hockey è molto popolare in Arizona anche se fa molto caldo. Altri sport popolari sono…

C. Double check your completed report. Make sure you have spelled all words correctly and that you have used the correct vocabulary from the chapter.

Vedute d'Italia *La Vespa*

A. Prima di leggere. You are about to read a brief history of the popular Italian motor scooter, the Vespa, on the next page. The Vespa, more than just a practical and accessible mean of transportation, became the symbol of an era, and have enjoyed widespread popularity. While you read, focus on the characteristics of the Vespa that have contributed to its immediate and lasting appeal.

B. Alla lettura. Read the short paragraph one more time and answer the following questions.

1. Quando è nata la Vespa?

   ____

2. Perché era molto più di uno scooter?

   ____

3. Quando uscirono i primi esemplari?

   ____

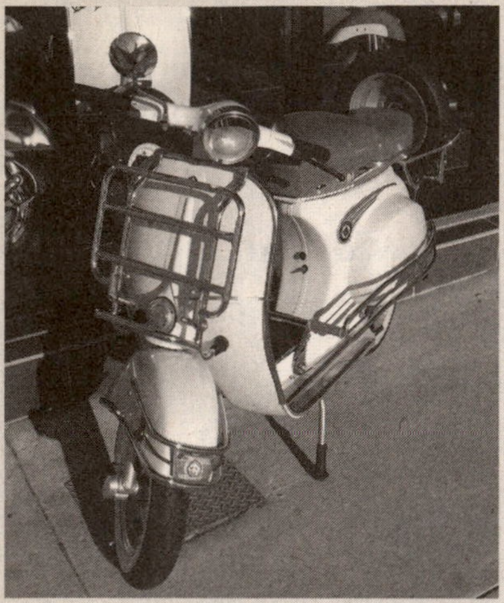

La Vespa

La Vespa, nata nel 1946 negli stabilimenti di Enrico Piaggio, era molto di più di uno scooter: era un'idea nuova, un modo di vivere indipendente ed economico.

I primi esemplari uscirono quando l'Italia, devastata dalla guerra, aveva bisogno di ritrovare la voglia di ricominciare, e la Vespa, chiamata così per la sua forma simile al corpo di una vespa *(wasp)*, rappresentava il simbolo di un nuovo inizio: era un po' lenta, ma economica, efficiente, pratica, e con un futuro sicuro.
Con il funzionamento dei mezzi di trasporto inadeguato, la Vespa era il mezzo ideale: leggera, facilmente manovrabile, poco ingombrante, ideale sia per la città che per le escursioni domenicali.

Verso la fine degli anni cinquanta la Vespa aveva conquistato i mercati europei: Germania, Inghilterra, Francia, ed altri per il suo stile semplice ed elegante e la sua praticità.

La Vespa ha cambiato aspetto molte volte, ma ha conservato la sua identità ed il suo modo di essere «contemporanea»; continua ancora oggi a rappresentare per i giovani l'idea dell'indipendenza, offrendo loro un mezzo di trasporto pratico ed economico. Per gli anziani la Vespa fa parte dei ricordi della loro gioventù; per i giovani la Vespa rappresenta la continuazione di una tradizione e di un modo di vivere che li fa sentire indipendenti, proprio come si sentivano i loro nonni nel lontano 1946.

4. Perché si chiama Vespa?

____

5. Perché era il mezzo ideale?

____

6. Quali altri mercati conquistò?

____

7. Cosa rappresenta per gli anziani?

____

8. Cosa rappresenta per i giovani?

____

C. Culture a confronto. Conosci un negozio di vespe vicino a casa tua? Vai a visitarlo? Ti piacerebbe avere una vespa? Perché sì o perché no?

____

____

____

____

____

CAPITOLO 17
Salute e ecologia

Punti di vista Dalla dottoressa

CD 6, TRACK 19

Come ti senti oggi? Carlo has had severe problems with his health and many mishaps. Listen to each of his statements and write down the symptom(s) he mentions. Then from among the choices provided, suggest, using the informal imperative, what he needs to do to get better.

stare a riposo **andare dal dentista** **mettersi a dieta** **andare dal chiropratico** **prendere delle aspirine** **andare dall'ortopedico**

Esempio You hear: Mi sono rotto un braccio e non posso scrivere.
You write: Symptoms: *Si è rotto un braccio.*
Your suggestion: *va' dall'ortopedico*

1. ______________________________
2. ______________________________
3. ______________________________
4. ______________________________
5. ______________________________
6. ______________________________

Studio di parole *Il corpo e la salute*

A. Le parti del corpo. Complete the following sentences with the appropriate terms relating to parts of the body.

1. ______________________ servono per vedere.
2. ______________________ servono per camminare.
3. ______________________ servono per masticare.
4. ______________________ serve per parlare.
5. ______________________ serve per digerire.

B. Alcune parti del corpo. Write the body parts indicated by the arrows.

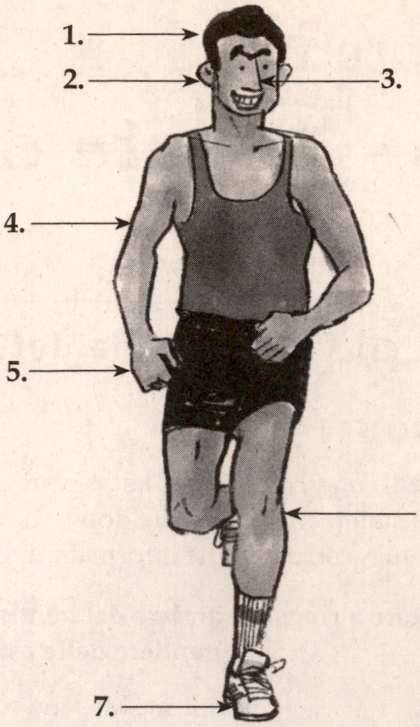

1. ______________________________
2. ______________________________
3. ______________________________
4. ______________________________
5. ______________________________
6. ______________________________
7. ______________________________

Punti grammaticali

17.1 Il congiuntivo presente

Pratica

A. Impariamo il congiuntivo. Change the underlined verb according to each subject in parentheses.

1. La mamma vuole che io scriva una lettera. (tu, noi, i ragazzi, Pietro)

____

2. Il professore desidera che noi finiamo i compiti. (tu, Giacomo, tu e Pietro, noi)

____

3. Non credo che Marco parta. (tu, noi, i miei amici, voi)

____

4. Il professore spera che tu parli italiano. (noi, i suoi studenti, sua figlia, tu e Pietro)

____

B. Il congiuntivo è necessario. Respond to each statement in the affirmative or negative, using the cue in parentheses and following the example.

Esempio Voglio fare l'infermiere. (necessario / prendere una laurea)
Non è necessario che tu prenda una laurea.

1. Mio cugino vuole essere indipendente. (importante / lavorare)

____

2. Voglio incominciare a lavorare. (necessario / finire gli studi)

____

3. Voi volete dimagrire. (indispensabile / mangiare di meno)

____

4. La nonna vuole guarire. (importante / prendere le medicine)

____

5. La ragazza vuole dimenticare. (ora / divertirsi)

____

6. Gli studenti vogliono imparare. (meglio / studiare)

____

7. Noi abbiamo un brutto raffreddore. (bene / telefonare al dottore)

____

Comprensione

CD 6, TRACK 20

A. I consigli del medico. Listen to the advice given by Doctor Lunardi to various patients and indicate which form of the subjunctive is used in each case. Each of his statements will be repeated twice.

Esempio You hear: È probabile che lei abbia un raffreddore.
You underline: abbiamo, _ abbiate, abbiano, ha, hai

1. abbiamo, abbia, abbiate, abbiano, ha, hai
2. fa, facciate, faccia, facciamo, fai, facciano
3. mangia, mangi, mangiamo, mangiate, mangino, mangiano
4. prenda, prendi, prendiamo, prendete, prendiate, prendano
5. dormo, dormi, dorma, dormiate, dormite, dormano
6. segui, seguiamo, seguiate, seguite, segua, seguano

CD 6, TRACK 21

B. Cambiamo il soggetto. Listen to the model sentence. Then form a new sentence by substituting the noun or pronoun given. Repeat the response after the speaker.

1. **Esempio** Voglio che tu parta. (lei)
Voglio che lei parta.

1. ____
2. ____
3. ____
4. ____
5. ____

2. **Esempio** Sperano che tu ti diverta. (noi)
Sperano che noi ci divertiamo.

1. ______________________
2. ______________________
3. ______________________
4. ______________________
5. ______________________
6. ______________________

CD 6, TRACK 22

C. Cambiamo di nuovo il soggetto. Listen to the model sentence. Then form a new sentence by substituting the noun or pronoun given. Repeat the response after the speaker.

Esempio Bisogna che tu studi di più. (io)
Bisogna che io studi di più.

1. ______________________
2. ______________________
3. ______________________
4. ______________________
5. ______________________
6. ______________________

17.2 Il congiuntivo presente dei verbi irregolari

Pratica

Esprimiamo opinioni. Respond to each statement by using **Sono contento(a) che…** or **Mi dispiace che…**

Esempio Domani vengono i nostri parenti.
Sono contento(a) che domani vengano i nostri parenti.

1. La disoccupazione è alta.

____

2. La pizza ha molte calorie.

____

3. L'America vuole aiutare i paesi poveri.

____

4. I miei genitori vanno in vacanza.

____

5. Mio nonno non può fare una passeggiata ogni giorno.

____

6. Tu stai sempre a casa solo.

____

7. Le persone generose danno il loro aiuto ai poveri.

____

8. Marisa viene con noi al mare.

____

Comprensione

CD 6, TRACK 23

A. Le opinioni degli studenti. Listen as Gino e Maria voice opinions about their university. Indicate in each instance which form of the irregular subjunctive they are using. Their statements will be repeated twice.

Esempio You hear: Credo che gli studenti devano studiare di più.
You underline: vadano, bevano, facciano, diano, <u>devano</u>, diano

1. vadano, diano, dicano, sappiano, devano
2. abbiano, facciano, siano, stiano, diano, sappiano
3. possano, sappiano, escano, siano, facciano, vogliano
4. possiate, veniate, siate, andiate, abbiate, usciate
5. possa, vada, faccia, sia, abbia, sappia
6. vada, venga, voglia, abbia, sia, possa

CD 6, TRACK 24

B. Mi dispiace che... Express your regret that the following people cannot come to your party. Follow the example. Then repeat the response after the speaker.

Esempio Mi dispiace che tu non possa venire. (Anna)
Mi dispiace che Anna non possa venire.

1. ______________________________
2. ______________________________
3. ______________________________
4. ______________________________

CD 6, TRACK 25

C. Impariamo le forme irregolari. Listen to the model sentence. Then form a new sentence by substituting the noun or pronoun given. Repeat the response after the speaker.

Esempio È meglio che voi sappiate la verità. (io)
È meglio che io sappia la verità.

1. ______________________
2. ______________________
3. ______________________
4. ______________________
5. ______________________

17.3 Il congiuntivo passato

Pratica

A. Ho paura che... Claudio went skiing for the day, but it's midnight and he still hasn't returned. Describe his mother's fears of what may have happened, starting each sentence with **Ho paura che** and changing the verb to the present perfect subjunctive.

Esempio Forse ha avuto un incidente.
Ho paura che abbia avuto un incidente.

1. Forse ha perso la strada.

   ____

2. Forse ha avuto dei problemi con la macchina.

   ____

3. Probabilmente ha accompagnato a casa gli amici.

   ____

4. Forse hanno bloccato la strada per la neve.

   ____

5. Forse è caduto dagli sci.

   ____

6. Forse si è rotto una gamba.

   ____

7. Forse è andato all'ospedale.

   ____

B. Impariamo il congiuntivo passato. React to each statement, completing your sentence as in the example.

Esempio La conferenza sull'ecologia è stata un successo.
Sì, credo che la conferenza sull'ecologia *sia stata un successo.*

1. I miei genitori hanno deciso di abitare in campagna.
   Sono contento(a) che ______________________________.
2. Molta gente ha incominciato a riciclare.
   Sì, credo che ______________________________.
3. Tutti i giovani hanno capito che l'inquinamento è un problema serio.
   Dubito che ______________________________.
4. Ho abbandonato gli studi in medicina.
   Mi dispiace che ______________________________.
5. L'effetto serra è aumentato.
   Sì, ho paura che ______________________________.

C. Può darsi che... You're trying to find an explanation for the following situations. Start each statement with **Può darsi che** and complete with the present perfect subjunctive of the verb in parentheses.

Esempio Il professore è arrivato in ritardo. (alzarsi tardi oggi)
Può darsi che si sia alzato tardi oggi.

1. Pietro non ha risposto al telefono. (uscire)
   ____
2. Alcuni studenti hanno l'aria stanca. (non dormire la notte scorsa)
   ____
3. Il dottore mi ha ordinato degli antibiotici. (tu / avere un'infezione)
   ____
4. Mi fanno male i denti. (tu / mangiare troppi dolci)
   ____
5. Il dentista non ha risposto alla mia telefonata. (non ricevere il messaggio)
   ____

D. Impariamo altri usi del congiuntivo. Marta seems to know something about everyone and everything. Re-create her statements according to the example. Start with **Si dice che, Pare che,** or **Sembra che** and use the present or present perfect subjunctive as required.

Esempio Il dottor Rossi sposerà la sua infermiera.
Si dice che il dottor Rossi sposi la sua infermiera.

1. Il figlio minore del signor Santi è operaio a Torino.

____

2. Il figlio maggiore è diventato un giudice importante.

____

3. Mirella ha l'influenza.

____

4. I due fratelli di Renzo emigreranno in Svizzera.

____

5. Un bicchiere di vino rosso al giorno fa bene alla salute.

____

6. Il figlio del dottor Rossi vuole diventare chirurgo.

____

Comprensione

CD 6, TRACK 26

A. Che cosa hanno fatto gli studenti lo scorso week-end? Listen as Gino and Maria talk about what other students might have done last weekend. Then complete each of the sentences with the correct name of the student mentioned. One name has already been filled in for you. The dialogue will be repeated twice.

1. Pensano che ______________ siano andati in palestra.
2. Pensano che ______*Mario*______ sia andato al cinema con la sua ragazza.
3. Pensano che ______________ abbia dormito tutto il weekend.
4. Pensano che ______________ abbia cominciato una dieta.
5. Pensano che ______________ abbia avuto un weekend rilassante.
6. Pensano che ______________ abbia finito tutti i compiti.

Nome ______________________ Data ____________ Classe ____________

CD 6, TRACK 27

B. Pratichiamo il congiuntivo passato. Listen to the model sentence. Then form a new sentence by substituting the noun or pronoun given and making all necessary changes. Repeat the response after the speaker.

1. **Esempio** Mia madre spera che tu non abbia visto quel film. (noi)
   Mia madre spera che noi non abbiamo visto quel film.

   1. ______________________
   2. ______________________
   3. ______________________
   4. ______________________

2. **Esempio** Mimmo non crede che Lucia sia uscita. (io)
   Mimmo non crede che io sia uscito.

   1. ______________________
   2. ______________________
   3. ______________________
   4. ______________________

CD 6, TRACK 28

C. Spera che... Pietro's boss hopes he has completed several chores before he comes back in the afternoon. Change each sentence to express his hopes. Then repeat the response after the speaker.

Esempio Non ha messo in ordine l'ufficio.
Spera che abbia messo in ordine l'ufficio.

1. ______________________
2. ______________________
3. ______________________
4. ______________________
5. ______________________

17.4 Suffissi con nomi e aggettivi

Pratica

Descriviamo! Describe each person or thing by adding the appropriate suffix.

Esempio Che giornata! Piove!
Che giornataccia!

1. Che ragazzo! Dice sempre bugie!
____
2. Che lettera! Ci sono solo tre righe!
____
3. Che bambino! È così grosso!
____
4. Che casa piccola! Però è carina!
____
5. Che libro pesante! Avrà almeno mille pagine!
____
6. Che begli occhi! Come sono grandi!
____
7. Che mani! Come sono piccole!
____
8. Che professore! Quante cose sa!
____

Comprensione

CD 6, TRACK 29

A. Le opinioni degli studenti. Listen as Filippo and Valentina talk about their friends and life in general. For each of their statements, which will be repeated twice, indicate which noun or adjective with a suffix they use.

Esempio You hear: La professoressa di italiano ha comprato una bella villetta in montagna.
You write: *villetta*

1. ______________________ 4. ______________________
2. ______________________ 5. ______________________
3. ______________________ 6. ______________________

CD 6, TRACK 30

B. Impariamo i suffissi. Form a new phrase by using the same noun with the appropriate suffix. Then repeat the phrase after the speaker.

Esempio una piccola parola
una parolina

1. ______________________
2. ______________________
3. ______________________
4. ______________________
5. ______________________
6. ______________________
7. ______________________
8. ______________________
9. ______________________
10. ______________________

CD 6, TRACK 31

Attualità

A. Dettato: Le opinioni della mamma. Listen as Marco's mother gives him some wide-ranging advice. Her suggestions will be read the first time at normal speed, a second time more slowly so that you can supply the missing verbs in the subjunctive, and a third time so that you can check your work. Feel free to repeat the process several times if necessary.

Caro Marco, è importante che tu ______________ in palestra tutti i giorni. Penso che tu ______________ dormire almeno otto ore ogni notte. Voglio the tu ______________ in qualche buon ristorante italiano. Penso che tu ______________ bisogno di mangiare bene. Sono contenta che tu ______________ ad andare in palestra, credo che l'esercizio fisico ti ______________ bene.

Credo che tu ______________ concentrarti negli studi. È necessario che tu ______________ sempre le lezioni e che tu ______________ tutti i compiti. È necessario che tu ______________ dei buoni voti. Penso che così tu troverai un lavoro migliore nel futuro.

Credo che durante le vacanze tu ______________ dedicarti al volontariato e promuovere il riciclaggio al campo universitario tra gli studenti. Tuo padre ed io abbiamo fiducia che tu ______________ le giuste decisioni e che tu ______________ laurearti presto.

CD 6, TRACK 32

B. Due amici ambientalisti. Listen as Filippo and Marcello discuss their opinions about saving the environment and maintaining a healthy lifestyle. Then complete the following statements by circling the correct option. The conversation will be repeated twice.

1. Marcello ha letto un articolo che dice che…
   - **a.** gli studenti non studiano
   - **b.** i professori mangiano male
   - **c.** gli studenti non vanno in palestra.
2. Marcello ha letto un secondo articolo che dice che…
   - **a.** le tasse universitarie aumentano
   - **b.** l'inquinamento è aumentato
   - **c.** l'aria è più pulita
3. Marcello pensa che sia necessario…
   - **a.** mangiare cibo organico
   - **b.** studiare di più
   - **c.** fare il riciclaggio della carta
4. Filippo pensa che sia necessario che…
   - **a.** i professori usino la bicicletta
   - **b.** gli studenti vadano in palestra
   - **c.** si fumi di meno
5. Filippo pensa anche che…
   - **a.** il direttore della palestra deva dare degli sconti
   - **b.** il preside deva abbassare le tasse
   - **c.** l'umanità deva usare di meno le macchine
6. Marcello desidera che…
   - **a.** ci siano meno compiti
   - **b.** i ristoranti servano cibi organici
   - **c.** ci siano meno piatti vegetariani
7. Marcello e Filippo decidono di…
   - **a.** andare dal preside
   - **b.** parlare con i professori
   - **c.** scrivere un articolo

Domanda personale

Cosa pensi di quello che vogliono fare Marcello e Filippo? Ti sembra una buon'idea?

____

____

____

Adesso scriviamo *I problemi ambientali*

You would like to become more of an activist with regard to environmental issues. You decide to write a letter to post on the notice board of the building where you live about three major environmental issues of immediate concern in your neighborhood and how you want to see them resolved.

A. Begin by answering the following questions in order to focus on the most urgent problems.

1. C'è troppo rumore?
2. Ci sono contenitori per il riciclaggio della carta, del vetro, della plastica, dell'alluminio?
3. Ci sono corsie *(lanes)* per le biciclette? Ci sono parcheggi per le biciclette vicino al tuo palazzo?
4. Ci sono tante carte per terra?
5. I proprietari di cani puliscono quando portano i cani a passeggio?
6. Le persone fumano nelle aree pubbliche del tuo palazzo?
7. Ci sono cestini dell'immondizia *(garbage)* lungo le strade?

B. Now that you answered the above questions focus on three major issues and organize your letter in three paragraphs.

1. In your first paragraph, address your neighbors and introduce the problem:

   Cari vicini di casa, vorrei portare alla vostra attenzione i seguenti problemi ambientali che ho notato nel nostro quartiere...

2. In your second paragraph, explain the three problems:

   Non ci sono contenitori per la plastica...

3. In your third paragraph, suggest some solutions.

   Penso che tutti noi inquilini possiamo scrivere una lettera al Comune *(city)* e richiedere dei contenitori per il riciclaggio...

C. When you have finished writing your letter, double check that you have included suggestions for resolving each of the problems. Also, check the use of the subjunctive and the vocabulary of the chapter.

Nome ______________________ Data ____________ Classe ____________

Vedute d'Italia *NO ALLO SMOG!*

A. Prima di leggere. The following reading introduces an important Italian non-profit organization: Legambiente. While you read, focus on—and try to summarize in your own words—the main idea in each paragraph. You will see that after the introductory paragraph, each paragraph presents one important aspect of Legambiente's program to save our planet.

NO ALLO SMOG!

Legambiente, la maggiore associazione ambientalista in Italia, organizza campagne per educare i cittadini sull'ecologia dell'ambiente, promuove iniziative per combattere l'inquinamento e proteggere la qualità dell'aria e delle acque del nostro paese.

Legambiente ci propone di combattere l'inquinamento atmosferico, che rende tossica l'aria che respiriamo: «No allo smog», è il suo grido di battaglia. E molte iniziative possono essere prese per migliorare la situazione attuale. Con l'accordo internazionale di Kyoto, molti paesi, tra cui l'Italia, **s'impegnano** *(are committed)* a ridurre l'emissione di anitride carbonica, causa principale dell'effetto serra.

Legambiente sottolinea inoltre il pericolo dei cambiamenti del clima, con possibili tragiche conseguenze, e invita ogni cittadino a partecipare alle iniziative per migliorare la situazione; per esempio, evitare, quando è possibile, di usare l'automobile privata, e di servirsi invece dei mezzi di trasporto pubblici o della bicicletta.

Le città devono creare degli spazi «verdi» per i bambini, dove questi possano giocare senza respirare l'aria inquinata dal traffico.

Un controllo più severo deve essere praticato sulle industrie, per evitare che materiali dannosi vengano **scaricati** *(dumped)* nei fiumi e nei laghi. È importante, insiste Legambiente, che tutti si rendano conto dei danni causati dall'inquinamento e che tutti facciano il possibile per preservare il nostro bellissimo pianeta per noi e per le future generazioni.

B. Alla lettura. Read each paragraph one more time and write a sentence or two to summarize each one.

____

____

____

____

____

Now complete the following sentences.

1. Legambiente è un'associazione…
2. Il suo grido di battaglia è…
3. Legambiente sottolinea il pericolo…
4. Quando è possibile bisogna…
5. È importante, dice Legambiente, che tutti…

C. Culture a confronto. Quale pensi che sia la più importante delle iniziative di Legambiente? Perché?

____

____

____

CAPITOLO 18

Arte e teatro

Punti di vista **Musica operistica o musica elettronica?**

CD 6, TRACK 33

Che musica preferisci? Listen to radio advertisements—which will be repeated twice—of four concerts to be given in Florence. Complete the chart below, in which one item has already been filled in for you. Then answer the question about your own preferences.

Dove?	Tipo di musica?	Chi canta?	Costo?	A che ora?
1.				
2.				
3.		*coro Melograno*		
4.				

Ti piacerebbe assistere ad uno di questi concerti? Quale e perché?

____

____

____

Studio di parole *Arte e teatro*

A. I verbi dell'arte. Complete the following sentences choosing the correct verb from the list and making all the necessary changes: **dipingere, scolpire, comporre, recitare, applaudire, fischiare.**

1. Michelangelo ______________________ il «Davide».
2. Leonardo ______________________ la «Gioconda».
3. Giuseppe Verdi ______________________ il «Nabucco».
4. Un attore ______________________ una parte.
5. Il pubblico ______________________ una brava attrice.
6. Il pubblico ______________________ un brutto spettacolo.

B. Lo spettacolo che preferisco. Compile a list of things that are present in your favorite show. Choose between an opera, a concert or a show in a museum.

____

____

____

____

Punti grammaticali

18.1 Congiunzioni e congiuntivo

A. Impariamo le congiunzioni con il congiuntivo. Rewrite each sentence, using the cue in parentheses and **purché** + the subjunctive, as in the example.

Esempio Ti presterò il libro. (restituirmelo subito)
Ti presterò il libro purché tu me lo restituisca subito.

1. Ti aspetterò. (arrivare in orario)

____

2. Andrò all'opera. (il biglietto, non costare troppo)

____

3. Ti porterò alla mostra d'arte. (averne il tempo)

____

4. Imparerò a dipingere. (trovare un bravo insegnante)

____

5. Ti farò il ritratto. (tu, darmi un po' di tempo)

____

6. Andrò al concerto. (qualcuno / accompagnarmi)

____

B. Usiamo *affinché* o *perché*. Mirella is a very generous person. State to whom, and why, she is lending her things, using **perché** or **affinché** + the subjunctive, as in the example.

Esempio (macchina / migliore amica / andare alla spiaggia)
Presta la macchina alla sua migliore amica perché vada alla spiaggia.

1. soldi / fratello / comprarsi un violoncello

____

2. appunti / compagna / potere studiare

____

3. orologio / cugina / essere puntuale a un colloquio (di lavoro).

____

4. biglietto / Maria / andare a teatro

____

5. libretto / a Massimo / capire l'opera

____

C. **Impariamo ad usare altre congiunzioni.** Rewrite each sentence, using **benché, sebbene,** or **per quanto** + the subjunctive as in the example.

Esempio È anziano, ma nuota ogni giorno.
Benché sia anziano, nuota ogni giorno.

1. Si vogliono bene, ma litigano spesso.

____

2. Non ha molti soldi, ma ne presta agli amici.

____

3. Non ha talento, ma insiste a dipingere.

____

4. I suoi genitori sono poveri, ma lo hanno mandato al conservatorio.

____

5. State peggio, ma volete uscire.

____

D. **Usiamo *prima di.*** Before leaving on vacation, Gianna gives instructions to Laura, who will be taking care of her house.

Esempio (chiudere la porta/uscire)
Chiudi la porta prima di uscire.

1. (dare da mangiare al gatto/andare in classe)

____

2. (prendere la chiave/uscire)

____

3. (guardare che ore sono/uscire di casa)

____

4. (mettere il gatto dentro/chiudere la porta)

____

Comprensione

CD 6, TRACK 34

A. Una discussione tra Marco e Anna. Listen as Marco answers Anna's questions about his leisure-time activities and tastes. Indicate which conjunction he uses in each of his answers. Each question and answer will be repeated twice.

Esempio You hear: Anna: Vieni al concerto di Verdi?
Marco: Sì, purché non costi troppo!
You underline: sebbene, a meno che, purché, benché, prima che

1. sebbene, a meno che, purché, benché, prima che
2. sebbene, a meno che, purché, benché, prima che
3. sebbene, a meno che, purché, benché, prima che
4. sebbene, a meno che, purché, benché, prima che
5. sebbene, a meno che, purché, benché, prima che
6. sebbene, a meno che, purché, benché, prima che

CD 6, TRACK 35

B. Ripetiamo l'uso delle congiunzioni *purché* e *benché*. Listen to the model sentence. Then form a new sentence by substituting the noun or pronoun given and making all necessary changes. Repeat the response after the speaker.

1. **Esempio** Noi verremo stasera purché siamo liberi. (tu)
Tu verrai stasera purché sia libero.

1. ______________________________
2. ______________________________
3. ______________________________
4. ______________________________

2. **Esempio** Io rivedrò il film, benché l'abbia già visto. (lui)
Lui rivedrà il film, benché l'abbia già visto.

1. ______________________________
2. ______________________________
3. ______________________________
4. ______________________________

CD 6, TRACK 36

C. Uniamo due frasi usando le congiunzioni ed il congiuntivo. Combine each pair of sentences into a single statement, using the cue and the appropriate form of the subjunctive. Then repeat the response after the speaker.

Esempio Dobbiamo uscire. Piove. (prima che)
Dobbiamo uscire prima che piova.

1. ______________________
2. ______________________
3. ______________________
4. ______________________
5. ______________________
6. ______________________

18.2 L'imperfetto del congiuntivo

Pratica

A. Volevo che... Lisa gave a party, but her friends failed to do what she wanted them to do.

Esempio (Marisa / portare una torta)
Volevo che Marisa portasse una torta.

1. (Pio e Lina / comprare il gelato)
____
2. (Pietro / invitare suo cugino)
____
3. (tu / mandare gli inviti)
____
4. (mio fratello / bere di meno)
____
5. (voi / stare più a lungo)
____
6. (Teresa / essere gentile)
____

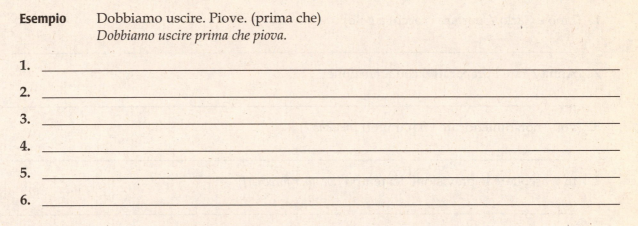

B. Bisognava che... Your trip to the mountains wasn't successful because you and your friends should have done the following things.

Esempio (Luisa / preparare i panini)
Bisognava che Luisa preparasse i panini.

1. (Lino e Carlo / portare i sacchi a pelo)

____

2. (Anna / fare i preparativi con attenzione)

____

3. (voi / non dimenticare i fiammiferi *[matches]*)

____

4. (tu / ascoltare le previsioni del tempo *[weather forecast]*)

____

5. (noi / conoscere la strada)

____

C. Avevano paura che... Tina and Lisetta spent a week camping and had a wonderful time. But before arriving, they were afraid that many things might happen.

Esempio esserci degli orsi (bears)
Avevano paura che ci fossero degli orsi.

1. piovere

____

2. fare freddo

____

3. essere difficile montare la tenda

____

4. Lisetta sentirsi male

____

5. non esserci acqua

____

6. agli orsi piacere il loro cibo *(food)*

____

D. Completiamo le frasi subordinate. Change the infinitive to the present subjunctive or the imperfect subjunctive accordingly.

1. Andrò al concerto all'aperto benché (piovere) ______________________.
2. Siamo partite benché (fare brutto tempo) ______________________.
3. È necessario che tu (guadagnare) ______________________ di più.
4. Era necessario che gli attori (recitare) ______________________ meglio.
5. Non è possibile che (non piacerti) ______________________ i quadri di Modigliani.
6. Telefonerò a Carlo prima che lui (partire) ______________________.
7. Ti presto i miei acquerelli *(watercolors)* purché tu (restituirmeli) ______________________.
8. Preferirei che tu (stare) ______________________ a casa.
9. Ti telefonerò a meno che tu non (uscire) ______________________.
10. Era meglio che tu (comprare) ______________________ un quadro astratto.

Comprensione

CD 6, TRACK 37

A. La mamma sperava che... Carlo and Angela are talking about their mother's hopes for them. Listen to their exchanges and indicate with a checkmark which statements are accurate.

1. ____ La mamma sperava che Angela andasse all'università di Bologna.
2. ____ La mamma sperava che Carlo studiasse medicina.
3. ____ La mamma sperava che Angela diventasse farmacista.
4. ____ La mamma sperava che Carlo diventasse professore di inglese.
5. ____ La mamma sperava che Carlo e Angela frequentassero la stessa università.
6. ____ La mamma sperava che Angela prendesse buoni voti.
7. ____ La mamma sperava che Angela potesse studiare a Padova con Carlo.
8. ____ La mamma sperava che Angela si laureasse quest'anno.
9. ____ La mamma sperava che Carlo finisse gli studi l'anno scorso.

CD 6, TRACK 38

B. Pratichiamo il congiuntivo imperfetto. Listen to the model sentence. Then form a new sentence by substituting the noun or pronoun given. Repeat the response after the speaker.

1. **Esempio** Pensavano che io comprassi una Ferrari. (tu)
   Pensavano che tu comprassi una Ferrari.

   1. ____
   2. ____
   3. ____

4. ______________________

5. ______________________

2. **Esempio** Vorrebbero che io facessi un viaggio. (tu)
Vorrebbero che tu facessi un viaggio.

1. ______________________
2. ______________________
3. ______________________
4. ______________________

CD 6, TRACK 39

C. Avevamo paura che... Form sentences using the cues. Then repeat the response after the speaker.

Esempio (il treno / essere in ritardo)
Avevamo paura che il treno fosse in ritardo.

1. ______________________
2. ______________________
3. ______________________
4. ______________________

18.3 Il trapassato del congiuntivo

Pratica

A. Impariamo il trapassato del congiuntivo. Complete each sentence in the pluperfect subjunctive.

Esempio You read: Pensavo che lui (guadagnare) ____________ molto.
You write: Pensavo che lui *avesse guadagnato* molto.

1. Credevo che tu non (capire) ______________________.
2. Speravamo che Giulia lo (fare) ______________________.
3. Pensavamo che voi (dimenticare) ______________________ tutto.
4. Era meglio che io non (rispondere) ______________________.
5. Credevo che tu (prepararti) ______________________.
6. Non sapevo che tu (essere) ______________________ in Cina.

B. Pratichiamo ancora il trapassato. Form a sentence using the pluperfect subjunctive, as in the example.

Esempio (speravamo / loro scrivere)
Speravamo che loro avessero scritto.

1. (speravo / tu leggere le novelle del Boccaccio)
____
2. (dubitavo / il critico / capire l'autore)
____
3. (era necessario / voi / dire qualcosa)
____
4. (era meglio / noi / andare al concerto)
____
5. (non sapevo / tu / ricevere un premio)
____
6. (avevo paura / loro / vendere tutti i biglietti per l'opera)
____

C. Impariamo la frase ipotetica. Complete each sentence with the correct form of the verb in parentheses.

Esempio You read: Se io (avere) ______ la macchina, (fare) ______ un viaggio.
You write: Se io (avere) *avessi* la macchina, (fare) *farei* un viaggio.

1. Se io (essere) ____________ milionario, (comprare) ____________ una casa.
2. Se io (abitare) ____________ in Italia, (andare) ____________ in vacanza ogni anno.
3. Se io non (sapere) ____________ guidare, (imparare) ____________.
4. Se io non (dovere) ____________ lavorare, mi (divertire) ____________ tutto il giorno.
5. Se io (potere) ____________ dipingere, (dipingere) ____________ una natura morta.
6. Se io (avere) ____________ due mesi di vacanza, (andare) ____________ in Oriente.
7. Se io (avere) ____________ un Picasso autentico, lo (vendere) ____________.

Nome ______________________________ Data ______________ Classe ______________

D. Pratichiamo la frase ipotetica con il trapassato. Complete each sentence according to the example.

Esempio You read: Ti avrei fatto una foto se (avere) ______________ la macchina fotografica.
You write: Ti avrei fatto una foto se (avere) *avessi avuto* la macchina fotografica.

1. Non avresti avuto un incidente se (stare) ______________________ attento.
2. Non avremmo perduto la strada se (studiare) ______________________ la carta geografica prima di partire.
3. Avremmo visto molte sculture del Rinascimento se (visitare) ______________________ Firenze.
4. Marco non sarebbe stato male se non (bere) ______________________ così tanto.
5. Non avrebbe fatto il musicista se non (avere) ______________________ talento.
6. Non avrei sentito un concerto di musica sinfonica se mia madre non mi (invitare) ______________________ a teatro.

E. L'indicativo o il congiuntivo? Complete each sentence, choosing between the indicative and the subjunctive.

1. Avrei preso un bel voto se (studiare) ______________________.
2. Se (fare) ______________________ bel tempo, andrò alla spiaggia.
3. Se Lia (finire) ______________________ presto, visiterà una galleria d'arte.
4. Se noi (essere) ______________________ liberi, verremo al tuo spettacolo.
5. Se tu (parcheggiare) ______________________ la macchina qui, il poliziotto ti fa una multa.
6. Se tu (vedere) ______________________ il film su Leonardo da Vinci, ti sarebbe piaciuto.
7. Se la macchina non (funzionare) ______________________, la porterai dal meccanico.
8. Se tu (abitare) ______________________ in montagna, potresti sciare ogni giorno.

Comprensione

CD 6, TRACK 40

A. Non è ancora successo! Anna is explaining to Carla that various things that Carla thought had already happened, in fact have not yet occurred. Indicate which form of the past perfect subjunctive Carla uses in her remarks. Her exchanges with Anna will be repeated twice.

Esempio You hear: Anna: Marco compra la nuova Fiat domani.
Carla: Pensavo che avesse già comprato la nuova Fiat la settimana scorsa.
You underline: avesse finito, <u>avesse comprato</u>, avesse lavorato, fosse andato, fosse partito, avesse dato

1. avesse finito, avesse comprato, avesse lavorato, fosse andato, fosse partito, avesse dato
2. avesse finito, avesse comprato, avesse lavorato, fosse andato, fosse partito, avesse dato
3. avesse finito, avesse comprato, avesse lavorato, fosse andato, fosse partito, avesse dato

4. avesse finito, avesse comprato, avesse lavorato, fosse andato, fosse partito, avesse dato

5. avesse finito, avesse comprato, avesse lavorato, fosse andato, fosse partito, avesse dato

6. avesse finito, avesse comprato, avesse lavorato, fosse andato, fosse partito, avesse dato

CD 6, TRACK 41

B. Pratichiamo il congiuntivo trapassato. Listen to the model sentence. Then form a new sentence by substituting the noun or pronoun given. Repeat the response after the speaker.

Esempio You hear: Credevano che io avessi scritto. (tu)
You say: *Credevano che tu avessi scritto.*

1. ______________________
2. ______________________
3. ______________________
4. ______________________
5. ______________________

CD 6, TRACK 42

C. Gino pensava che anche gli altri fossero arrivati. Gino thought that the following people had arrived in his city. Re-create his statements, substituting the noun or pronoun given, as in the example. Then repeat the response after the speaker.

Esempio You hear: Pensavo che tu fossi arrivato. (Franco)
You say: *Pensavo che Franco fosse arrivato.*

1. ______________________
2. ______________________
3. ______________________
4. ______________________

18.4 Il congiuntivo: Uso dei tempi

Pratica

A. Cambiamo al passato. Change each sentence to the past.

Esempio Voglio che tu venga.
Volevo che tu venissi.

1. È necessario che tu studi.

____

2. Bisogna che io lavori di più.

____

3. Spero che faccia bel tempo.

____

4. Dubito che lui mi scriva.

____

5. È inutile che loro gli telefonino.

____

B. Cambiamo ancora al passato. Change each sentence from the present to the past.

Esempio Ho paura che Giovanni sia malato.
Avevo paura che Giovanni fosse malato.

1. Abbiamo paura che il tenore non venga.

____

2. È necessario che tu parli a tuo padre.

____

3. Bisogna che io studi storia dell'arte.

____

4. Desidero che i miei genitori mi comprino un pianoforte.

____

5. Spero che il professore mi dica che ho del talento artistico.

____

6. Dubito che loro mi dicano la verità.

____

7. Abbiamo paura che mia sorella non stia bene.

____

C. Manteniamo l'accordo dei tempi. Rewrite each sentence in the past.

Esempio Vorrei che tu mi scrivessi.
Avrei voluto che tu mi avessi scritto.

1. Preferirei che tu ci andassi.

____

2. Vorremmo che voi studiaste di più.

____

3. Mio padre preferirebbe che io lavorassi.

____

4. Vorresti che io ti prestassi dei soldi?

____

5. Mi piacerebbe che voi risparmiaste.

____

D. Usiamo il passato. Change the infinitive to either the past subjunctive or to the pluperfect subjunctive, as required.

1. Credo che Luigi (laurearsi) ______________ l'anno scorso.
2. Credevamo che Giacomo (partire) ______________ un mese fa.
3. Penso che Teresa (incontrare) ______________ Marco ieri sera.
4. Pensavo che tu non (lavorare) ______________ l'anno scorso.
5. Non credo che Giulia (arrivare) ______________ ieri sera.
6. Dubitavo che lui (essere) ______________ in Italia tre anni fa.
7. Spero che la festa (piacerti) ______________ ieri sera.
8. Non sapeva che Marco Polo (scrivere) ______________ Il Milione.
9. Non credo che Giovanni (divertirsi) ______________ ieri sera.

Comprensione

CD 6, TRACK 43

A. Impariamo ad usare il tempo giusto. Paolo and Francesca are discussing their plans for the day and the evening. While you listen to their exchanges, which will be repeated twice, indicate the two verbs (main clause and dependent clause) that are used in Paolo's comments. Follow the example.

Esempio You hear: Paolo: Ciao, Francesca, pensavo che tu fossi fuori città.
Francesca: No, sono ritornata ieri sera.
You write: *pensavo / fossi*

1. ______________ 4. ______________
2. ______________ 5. ______________
3. ______________ 6. ______________

CD 6, TRACK 44

B. Ripetiamo al passato. Change the following sentences from the present to the past, according to the example. Then repeat the response after the speaker.

Esempio You hear: È necessario che tu lavori.
You say: Era necessario che tu lavorassi.

1. ____
2. ____

3. ____

4. ____

5. ____

CD 6, TRACK 45

Attualità

A. Dettato: Andiamo a teatro. Listen as Gabriella describes to Filippo a play, "Il re cervo" ("The King Stag"), by Carlo Gozzi (1720–1806). Her description will be read the first time at normal speed, a second time more slowly so that you can supply the missing verbs, and a third time so that you can check your work. Feel free to repeat the process several times if necessary.

Penso che «Il re cervo» ______________ una commedia molto interessante. Vorrei che ______________ a vederla domani sera. Penso che ______________ rappresentata al teatro Olimpico. È una fiaba *(fable)* con personaggi buoni e cattivi. Alla fine mi sembra che ______________ una morale. Ma è anche una commedia romantica perché ______________ il matrimonio del re *(king)* con la figlia del suo ministro. È meglio che ______________ presto i biglietti prima che ______________. Mi piacerebbe che tu li ______________ per la rappresentazione di venerdì sera. Pensi di ______________ andare oggi pomeriggio a comprarli? Vorrei che tu ne ______________ quattro. Pensavo di ______________ anche a Paolo e Francesca di venire a teatro con noi. Sarà divertente, ho sentito che questa compagnia teatrale ______________ molto originale e che i costumi ______________ come quelli della commedia dell'arte.

CD 6, TRACK 46

B. Dopo la commedia. Filippo and Gabriella just went to see the play "Il re cervo" ("The King Stag"). The play, first staged in 1762, is a combination of **commedia dell'arte,** puppet theater, and political satire. Listen as they discuss the play and then complete the following sentences.

1. A Filippo è piaciuta la commedia perché…

____

2. Gabriella pensa che gli attori siano…

____

3. Filippo crede che i costumi…

____

4. Gabriella pensa che l'attore più bravo…

____

5. A Filippo è piaciuta molto la parte del… perché…

____

6. Questa commedia non è facile da interpretare perché…

____

7. È una bella storia perché…

____

8. Ci sono anche…

____

9. Gabriella pensa che sia interessante per…

____

10. C'è una morale alla fine come…

____

11. Il cattivo… e i buoni…

____

Domanda personale

Ti piacerebbe vedere «Il Re cervo»? Perché sì o perché no?

____

____

____

Adesso scriviamo *Se fossi un artista*

A. You have been asked to review a concert you have recently attended for a music class you are taking. Provide specific details about the program, then evaluate the quality of the performance. Begin by considering the following questions.

1. Dove ha avuto luogo il concerto e quando?
2. Chi ha partecipato al concerto? Chi era il direttore dell'orchestra?
3. Che musica c'era nel programma?
4. Qual è stata la parte migliore del programma? e la peggiore? La qualità del suono? La scelta dei pezzi musicali?
5. Pensi che sia stato un buon concerto? Lo raccomanderesti ai tuoi amici? Perché sì o perché no? Che cosa suggeriresti di migliorare/cambiare?

B. Now organize your answers in three paragraphs.

1. Begin the first paragraph by providing in complete sentences the information you have supplied in your responses to questions 1–3. You may begin by following this example:

   Sono andato(a) ad un concerto di musica di Bach ieri sera alla chiesa di San Damiato a Perugia...

2. Use your responses to question 4 as the basis for organizing your second paragraph. For example:

   Il direttore è stato bravissimo anche se alcuni dei musicisti non hanno ancora molta esperienza...

3. Finish your paper with a third paragraph based on your responses to question 5.

   Penso che sia stato un concerto eccellente e lo raccomanderei ai miei amici Franco e Gisella, a cui piace molto la musica classica...

C. When you have finished writing your paper, double check that you have included appropriate information in all three paragraphs. Also, check the use of the subjunctive and the vocabulary of the chapter.

Vedute d'Italia *La famiglia dell'antiquario*

A. Prima di leggere. The following passage is from *La famiglia dell'antiquario,* a play by the first important Italian playwright, Carlo Goldoni (1707–1793). During his childhood in Venice, Goldoni became fascinated with the **commedia dell'arte,** a form of theatre in which professional actors improvised the plot on the basis of an outline they were given. It featured stock characters who wore readily recognizable masks.

Although Goldoni modified and reformed the **commedia dell'arte,** it influenced many of his plays. In this scene from *La famiglia dell'antiquario,* for example, one of the characters is Colombina, the clever, astute young maid from the tradition of the **commedia dell'arte.** Notice her short, humorous exchanges with Doralice, the buildup of tension between them, and Doralice's response to her impertinence at the end, all of which reflect earlier tradition.

Carlo Goldoni wrote his plays in the Venetian dialect. Some of the words and expressions in this passage are typical of the dialect. For example, **son** is used instead of **sono** (this is also a literary form); **Lo** is used instead of **Lei;** and **accio** (from **a** and **cio**) instead of **affinché.**

La famiglia dell'antiquario

Scena Ottava

Doralice e poi Colombina

DORALICE [...]

COLOMBINA Il signor contino mi ha detto che la padrona mi domanda, ma non la vedo. È forse andata via?

DORALICE Io sono la padrona che ti domanda.

COLOMBINA Oh! mi perdoni, la mia padrona è l'illustrissima signora contessa.

DORALICE Io in questa casa non son padrona?

COLOMBINA Io servò la signora contessa.